Florian Willet

Wie uns die Parteien über den Tisch ziehen!

Ein Blick in die machiavellistische Trickkiste

solibro

KLAR SCHIFF

1. Guido Eckert: *Zickensklaven. Wenn Männer zu sehr lieben*
Solibro 2009; ISBN 978-3-932927-43-0; eBook: 978-3-932927-59-1
2. Peter Wiesmeier: *Ich war Günther Jauchs Punching-Ball! Ein Quizshow-Tourist packt aus.* Solibro 2010 (vgl. Nr. 7)
3. Guido Eckert: *Der Verstand ist ein durchtriebener Schuft. Wie Sie garantiert weise werden.* Solibro 2010; ISBN 978-3-932927-47-8; eBook 978-3-932927-60-7
4. Maternus Millett: *Das Schlechte am Guten. Weshalb die politische Korrektheit scheitern muss.* Solibro 2011; ISBN 978-3-932927-46-1; eBook: 978-3-932927-61-4
5. Frank Jöricke: *Jäger des verlorenen Zeitgeists. Frank Jöricke erklärt die Welt.*
Solibro 2013; ISBN 978-3-932927-55-3; eBook: 978-3-932927-62-1
6. Burkhard Voß: *Deutschland auf dem Weg in die Anstalt. Wie wir uns kaputtpsychologisieren.* Solibro 2015. ISBN 978-3-932927-90-4; eBook: 978-3-932927-91-1
7. Peter Wiesmeier: *Steh bei Jauch nicht auf dem Schlauch! Survival-Tipps eines Quizshow-Touristen.* Solibro 2016 (überarb. Aufl. des Reihentitels Nr. 2)
ISBN 978-3-932927-09-6; eBook: 978-3-932927-99-7
8. Ralf Lisch: *Inkompetenzkompensationskompetenz. Wie Manager wirklich ticken.*
Solibro 2016; ISBN 978-3-96079-013-6; eBook: 978-3-96079-014-3
9. Yvonne de Bark: *Mamas wissen mehr. Das geheime Wissen cooler Mütter.*
Solibro 2017; ISBN 978-3-932927-00-3; eBook: 978-3-96079-000-6
10. Rob Kenius: *Neustart mit Direkter Digitaler Demokratie. Wie wir die Demokratie doch noch retten können.* Solibro 2017. ISBN 978-3-96079-011-2; eBook: 978-3-96079-012-9
11. Burkhard Voß: *Albtraum Grenzenlosigkeit. Vom Urknall bis zur Flüchtlingskrise.* Solibro 2017; ISBN 978-3-96079-031-0; eBook: 978-3-96079-032-7
12. Florian Willet: *Mir nach, ich folge Euch! Wie uns die Parteien über den Tisch ziehen.* Solibro 2018; Neu erschienen 2021 unter dem Titel *Wie uns die Parteien über den Tisch ziehen! Ein Blick in die machiavellistische Trickkiste.* Solibro 2021;
ISBN 978-3-96079-084-6 (Druck) 978-3-96079-085-3 (eBook)
13. Reiner Laux: *Seele auf Eis. Ein Bankräuber rechnet ab*
Solibro 2018; ISBN 978-3-96079-053-2; eBook: 978-3-96079-054-9
14. Ralf Lisch: *Incompetence Compensation Competence*
Solibro 2017; ISBN 978-3-96079-043-3; eBook: 978-3-96079-044-0
15. Frank Jöricke: *War's das schon? 55 Versuche, das Leben und die Liebe zu verstehen.* Solibro 2019; ISBN 978-3-96079-063-1; eBook: 978-3-96079-064-8
16. Burkhard Voß: *Wenn der Kapitän als Erster von Bord geht. Wie Postheroismus unsere Gesellschaft schwächt.* Solibro 2019; ISBN 978-3-96079-069-3; eBook: 978-3-96079-070-9
17. Kolja Zydatiss: *Cancel Culture. Demokratie in Gefahr*
Solibro 2021; ISBN 978-3-96079-086-0; eBook: 978-3-96079-087-7

ISBN 978-3-96079-084-6 / 2. Auflage 2021

Größtenteils unveränderte Neuauflage des Titels:
Mir nach, ich folge Euch! Wie uns die Parteien über den Tisch ziehen

Umschlaggestaltung: *Michael Rühle*
Umschlagzeichnungen: *Bernd Zeller*
Autorenfoto (S. 2): *privat*

Printed in Germany (chlorfrei gebleichtes & alterungsbeständiges Papier)

verlegt. gefunden. gelesen. **www.solibro.de**

Je geringer die politische Kompetenz,
desto größer der moralische Anspruch.

Norbert Bolz

Inhalt

Vorwort des Verlegers

Dieses Buch ist Pflichtlektüre für Politiker, Journalisten und besonders natürlich für Sie, den vergessenen Souverän, den (Wahl-)Bürger. Denn es hilft, ein tieferes Verständnis dafür zu entwickeln, wie Politiker Macht erlangen, festhalten und dabei Konkurrenten, aber insbesondere die Bürger derart über den Tisch ziehen, ohne dass die es in der Regel in der Breite bemerken.

„Führung bedeutet, den Mitarbeiter so über den Tisch zu ziehen, dass er die Reibung als Nestwärme empfindet", so lautet ein bekannter humoriger Spruch aus der Wirtschaft. Dies scheint auch ein Hauptprinzip heutiger Politik zu sein. Dieses Buch liefert die psychologischen und machtpolitischen Grundlagen dafür, am Beispiel der verschiedenen Parteien zu erkennen, warum Politik so funktioniert wie sie funktioniert und warum Moral etwas für die Bürger ist, während Politiker vorrangig in die machiavellistische Trickkiste greifen.

Insofern kann dieses Buch natürlich auch als neuer Machiavelli für angehende Politiker gelesen werden.

Doch welchen Nutzen man aus diesem Buch ziehen mag – durchschauen oder anwenden –, möge dem selbständigen Leser und seiner moralischen Werteordnung überlassen bleiben.

Der Autor, Dr. Dr. Florian Willet, seines Zeichens Ökonom, Rechtswissenschaftler und Kommunikationspsychologe, befasst als Experte sich mit Verhaltensökonomie und Rechtsphilosophie, mit besonderem Interesse für Anthropologie. Seine so erworbenen Erkenntnisse kommen dem Leser bei der vorliegenden Analyse zugute. Sie eröffnen ein tieferes Verständnis für die teilweise perfiden Mechanismen der Politik, die man aus dieser Perspektive so geballt und so fundiert selten zu lesen bekommt.

I. Das Spielfeld

1. Links, rechts, konservativ, liberal

(Wie war das noch mal?)

Politisch interessierte Beobachter des Zeitgeschehens mögen als Kinder ihre Eltern beizeiten gefragt haben, was Ausdrücke wie „rechts“ und „links“, „konservativ“ und „liberal“ eigentlich bedeuten.

Wie erklärt man das einem Kind am besten? Was bekam man selbst als Kind zu hören?

Wer einen „Linken“ fragte, konnte schnell glauben, dass konservativ ein Schimpfwort sei. Und er bekam vielleicht zu hören, dass konservativ und rechts sowieso fast das Gleiche seien. „Rechte“ seien profitgierige Leute, die sich nicht um das Waldsterben scherten, und um die Not hungernder Kinder in Schwarzafrika erst recht nicht. „Konservative“ seien altmodische, provinzielle, engstirnige, traditionsvernarrte und egoistische Besitzstandswahrer, die meist auch noch an einen Haufen religiösen Unsinns glaubten – als gäbe es keine an esoterischen Unsinn glaubenden Linken. Unter Rechten gäbe es auch keine „Intellektuellen“. Allenfalls intelligente

Demagogen. Und weil „Liberale“ vor allem eins seien, nämlich macht- und geldgierig, stünden sie den Rechten nahe. Das heißt, das gelte jedenfalls für die FDP, aber eigentlich seien die gar keine echten Liberalen, sondern faktisch immer bloß Mehrheitsbeschaffer gewesen, die mal mit diesen und mal mit jenen mitgingen.

Wer einen Konservativen oder „Rechten“ fragte, der bekam nicht selten zu hören, dass Linke glaubten, alles besser zu wissen, aber, wenn sie denn mal am Ruder wären, nichts „gebacken“ bekämen, sondern Chaos ausbräche und Wohlstand gefährdet würde. Sie hielten sich für moralisch edelmütiger, seien idealistische Träumer, die gerne Soziologie statt etwas „Anständiges“ studierten, verstünden von wirklichen gesellschaftlichen Abläufen und Zusammenhängen aber nichts. Mit sauberer Buchhaltung und seriöser Betriebswirtschaft stünden sie auf Kriegsfuß, wie auch mit Rechtsstaatlichkeit, Disziplin und Zuverlässigkeit. Dazu passten ja auch die oftmals langen und verlausten Haare. „Arbeit“ sei für sie ein Fremdwort.

Im Geschichtsunterricht konnte man einige Jahre später lernen, dass links und rechts als politische Kategorien auf das französische Nationalparlament des achtzehnten Jahrhunderts zurückgingen. Dort saßen die mit sozialistischen Wirtschaftskonzepten links und jene mit liberalen rechts. In der Mitte, beziehungsweise im „Zentrum“, saßen religiöse und wertkonservative Gruppierungen mit gemischten Wirtschaftskonzepten. Warum Liberale später in dieser imaginären Sitzordnung des politischen Spektrums in die Mitte wanderten und Konservative nach rechts, konnte einem niemand zufriedenstellend erklären. Im Sozialkundeunterricht lernte man, dass in Fragen wirtschaftlicher Organisation eigentlich links und liberal die maßgeblichen Gegenpole wären, sowie in Fragen normativer und moralischer Werte „konservativ“ auf der einen und „progressiv“ auf der anderen Seite. So lässt sich erkennen, dass begriffliche Bedeutungen sich irgendwann verselbständigen, neue Verknüpfungen und Klischees entstehen, die sich vom Bedeutungsursprung entfernen.

Tatsächlich reicht eine zweidimensionale Skala nicht aus, um die Bedeutungstiefe der vorliegenden Begriffe angemessen zu erfassen. Dennoch lässt sich grob vereinfacht sagen, dass linkes Wirtschaften bedeutet, alles, was eine Gesellschaft erwirtschaftet, in einen Topf zu werfen, und alles, was alle Individuen benötigen, daraus zu bezahlen. Eine absolute Vermischung der Verhältnisse also. Manche zahlen demnach mehr ein als sie entnehmen, während andere mehr entnehmen als sie einzahlen. Andernfalls läge ja kein echtes Gruppenkonto vor, sondern bloß eine gemeinsame Kasse, deren Inhalte sich aber Individualkonten zuordnen ließen. Liberales Wirtschaften dagegen bedeutet, dass alle Gesellschaftsmitglieder in allen Fragen strikt getrennte Rechnungen aufmachen. Jeder muss selbst erwirtschaften, was er benötigt. Und jeder darf selbst verfeiern, was er erarbeitet oder ihm zufällt. Wenn ein Gesellschaftsmitglied einem anderen etwas abgibt, dann ist das sein Privatvergnügen. Liberale wollen aber dennoch ein funktionierendes Gemeinwesen mit Minimalstaatsapparat, der nur die allernötigsten Steuern einfordert. Denn Liberale sind regelmäßig für klar definierte Eigentumsrechte. Ein staatliches Gewaltmonopol soll diese Rechte durchsetzen und verteidigen. Das macht den Unterschied zu Anarchie und Anarchismus aus. Vertreter anarchistischer Konzepte wollen noch nicht einmal Gesetze und Polizei. Insofern drohen anarchistische Gesellschaften schnell in brutaler Gewalt zusammenzubrechen. Umverteilung, wie in linken Systemen, wird daher auch oft als der Preis für gesellschaftlichen Frieden bezeichnet. Organisationkonzepte auf der Skala zwischen diesen beiden Extremen nennen sich etwa „Kommunismus“, „Sozialismus“ oder „Libertarismus“.

Dass er ein mitgefühlsloser Egoist und bis zur Hutkrempe geldgierig sei, der andere in seiner Gier gleichgültig verhungern lassen würde, musste sich schon der eine oder andere Liberale anhören. Eine solche Soziopathie ist Liberalen aber nicht automatisch unterstellbar. Ein solchermaßen ausgelegter Liberalismus müsste dann ja auch bedeuten, dass er, wenn selbst in Not, konsequenterweise lieber verhungert, als andere um ein paar Almosen von dem zu bitten, was sie für ihre Individualkonten erarbeitet haben. Das will ein Liberaler aber nicht zwangsläufig. Bevor er aber Steuern zahlt und anschließend andere darüber entscheiden lässt, in welche Umverteilungskanäle die Ressourcen fließen, versucht er, das Geld lieber vor dem Fiskus zu retten, um anschließend selbst zu entscheiden, wofür er es einsetzen möchte. Er will die Hoheit über die Mittelverwendung behalten, selbst entscheiden, welche Wohltaten er unterstützt. Auch Liberale machen Weihnachtsgeschenke. Linke sind grundsätzlich für so hohe Steuern wie möglich. Bei theoretischen einhundert Prozent läge das maximal denkbare größte Gruppenkonto vor, von dem sich dann verteilen ließe, nachdem sich auf einen „Plan" geeinigt wurde.

Liberale sind für Gleichheit am Start, ab dem es erlaubt sein soll, dass jeder aus sich und seinem Leben macht, was er will und schafft. Linke sind für Gleichheit im Ergebnis. Liberale finden es nicht fair, wenn Schwächere sich hängenlassen können, weil im Endeffekt ja doch von den Starken zu ihnen umverteilt wird. Linke finden es nicht fair, wenn gleiche Startbedingungen unterstellt werden, da es die schon allein aufgrund unmittelbarer biologischer Unterschiede nur in der Theorie gebe. Auch findet sich unter Linken häufiger die Auffassung, dass es für Privateigentum gar keine Legitimation gebe, da das allererste Eigentum an einer Sache nicht durch Einigung und Übergabe, sondern nur durch Raub an der Natur erworben werden konnte. Liberale fühlen sich derweil von „Gleichmacherei“ schikaniert, sie wollen nicht vereinnahmt oder instrumentalisiert werden. Sie wollen einfach ihre Ruhe haben und es dem Zufall überlassen, ob ein Individuum in eine Gruppe aus überwiegend Stärkeren oder Schwächeren hineingeboren wird.

Auf den Ökonomen und Philosophen Pierre-Joseph Proudhon geht eine Aussage zurück, wonach Kapitalismus dazu führe, dass Schwache von Starken ausgebeutet werden, während Kommunismus dazu führe, dass die Starken von den Schwachen ausgebeutet werden. Eine These die freilich bereits an der Erfahrung anknüpft, dass Gesellschaften immer dazu neigen, pyramidenförmige Hierarchiestrukturen auszubilden.

Es gibt auch liberale Konzepte ohne Eigentum. Denkbar ist etwa, dass es nur Besitz an einer Sache gibt, also lediglich vorübergehende Verfügungsgewalt, so lange, wie man sie benutzt oder unmittelbar bei sich führt. Denkbar ist auch, dass jemandem allenfalls Nahrung oder wenigstens nur das gehören kann, was er selbst verbrauchen kann.

Von zahlreichen indigenen Völkern und versunkenen Kulturen weiß man, dass der Gedanke, dass ein Lebewesen ein dauerhaftes exklusives Nutzungsrecht an etwas hat und es auch noch vererben kann, dort absurd anmuten würde. Gleichwohl müsste niemand verpflichtet sein, die Früchte seiner Arbeit mit anderen zu teilen, ohne dass er ein Wörtchen darüber mitreden kann, wie.

Liberal oder links lässt sich beides mit Idealismus und Leidenschaft sein. Es sind abstrakte Konzepte, über die sich am Nullpunkt einer Gesellschaft verständigt werden kann, wie auf die Spielregeln eines Brettspiels. Darüber, wer erfolgreich oder erfolglos sein wird, wer zum Nettozahler und wer zum Nettoempfänger wird, liegt zu Beginn noch ein „Schleier des Nichtwissens". Problematisch kann es allerdings werden, wenn Individuen erst dann, wenn Systemgewinner und -verlierer absehbar werden, eine Meinung darüber entwickeln, ob ihnen links oder liberal stärker zusagt. Das hat dann nichts mit Idealismus zu tun. Und hier kommt Konservativismus ins Spiel.

In eher liberalen Gesellschaften sind es die Wohlhabenderen, die auch zu Konservativen werden, in eher linken neigen Ärmere zu Konservativismus. Konservative wollen Werte, Prinzipien und Regeln bewahren und Traditionen pflegen. Dic gibt es am Nullpunkt einer Gesellschaft nicht. Konservativ wird man erst. Natürlich ist von zwei zur Wahl stehenden Regeln nicht automatisch jene, die bisher schon bestand, besser als jene, die als Alternative im Raum steht. Auch sind ältere

Bräuche oder Traditionen nicht automatisch effizienter, effektiver oder von Natur aus plausibler als neue Verfahrensweisen, Tänze, Musikstile oder Speisen. Konservative sind Gewohnheitstiere. Gewöhnt nicht an die Vorlieben anderer, sondern die eigenen. Konservativ sein entspricht einer grundsätzlich „egoistischen" und „opportunistischen Strategie", wie Biologen es nennen. Entsprechend neigen Konservative eher zu Heimatverbundenheit und weniger zu Kosmopolitismus, während Progressive hungrig nach Neuem und immer auf der Suche danach sind, ob sich Althergebrachtes durch Besseres ersetzen lässt. Mit zunehmendem Wohlstand und finanzieller Unabhängigkeit steigt zwar auch die Lust, sich zu individualisieren und selbst zu verwirklichen, aber wenn revolutionäre Ideen fundamentale Spielregeln und Wurzeln gefährden, dann kann es mit der Lust auf „Experimente" schnell wieder vorbei sein. Auch Konservativismus kennt nicht nur schwarz und weiß, sondern fächert sich in graduellen Abstufungen auf. Die allerwenigsten Konservativen lehnen jede Innovation ab. Sie wollen nur nicht die „Firstmover" sein. Sollen andere doch das Experimentieren übernehmen. Und bevor sie etwas Neuem breite gesellschaftliche Akzeptanz entgegenbringen wollen, soll es vorher absolut auf Herz und Nieren geprüft sein.

„Was der Bauer nicht kennt, das frisst er nicht ..." – Heimatverbundenheit wurde lange in erster Linie mit

„Ethnie“ und genetischer Nähe, später mit Territorium, „Volk“ und Nationalität assoziiert. In steinzeitlichen Stammesgesellschaften stand Fremden der Sinn häufig nach Plünderei und Vergewaltigung. Sie mit Argwohn zu betrachten und erst nach eingehendster Inaugenscheinnahme einzulassen, entsprach einem tauglichen Sicherheitskonzept. Konservative sind sogenannte „Parochialisten“ (Parochialismus ist eine gemischte Strategie, die Altruismus gegenüber einer eng definierten Ingroup mit Egoismus bis hin zu Feindseligkeit gegenüber der Outgroup verbindet). Und als schnellstes und eindeutigstes Diskriminierungsmerkmal, anhand dessen erkannt werden kann, ob jemand zur In- oder Outgroup gehört, kann sich ein ähnliches Aussehen durchsetzen. Hier liegt eine Demarkationslinie zwischen konservativ und rechts.

Mehr noch als über althergebrachte Bräuche und Traditionen machen Rechte sich über unmittelbar äußerlich sichtbare biologische Ähnlichkeiten Gedanken. Wenn auch Sexualpartner nach äußerlicher Attraktivität ausgesucht werden, dann erscheint das als nicht ganz so großes Problem. Aber wenn Menschen sich Freunde, Nachbarn und sogar entfernte Angehörige Ihres Staats nach Aussehen und physischer Morphologie aussuchen möchten, dann gelten sie als rechts.

Rechte haben normative Standpunkte zu biologischen Phänomenen. Biologen haben diese natürlich nicht.

Wissenschaft ist deskriptiv. Sie wertet nicht, sondern beschreibt nur. Biologen können und werden besonders in jüngster Zeit aber schnell irrtümlicherweise als rechts etikettiert. Wenn beispielsweise zeitgenössische Neurowissenschaftler erklären, dass die Neigung zu spezifischen politischen Grundeinstellungen auch durch biologische Dispositionen erklärt werden könne.

Auch rechts lässt sich mit gewissem Idealismus bis hin zu Fanatismus sein. Während allerdings idealistische Liberale und Linke glauben, dass ihre Ideologien und Konzepte letztlich gut für alle wären und das auch jedermann verstehen könnte, wenn er sich nur mal ernsthaft und vorurteilslos mit ihren Argumenten auseinandersetzen würde, machen Rechte derweil selten einen Hehl daraus, dass sie Individuen mit ganz bestimmten, offen sichtbaren Merkmalen gerne dahin verfrachten würden, wo sie herkommen.

Es sollte klar gesehen werden, dass auch Linke konservativ sein können. Das ist wichtig. Nach dem Zusammenbruch von Sowjetunion und Ostblock gab es viele Ältere, die vom losgaloppierenden Kapitalismus und damit verbundenen Strukturveränderungen in Angst und Schrecken versetzt wurden. Sie wählten bei jeder Gelegenheit genau jene sozialistischen Parteien, von denen sie zuvor jahrzehntelang diktatorisch regiert worden waren. Das entsprach konservativem Verhalten. Linke sind also keineswegs automatisch auch progressiv. Gerade Toleranz und Pluralität sind Einstellungen, die vielfach besser mit liberaler Organisation harmonieren. Etwa als Pädagogen können auch Linke Konzepte verfolgen, die auf Konditionierung, Einschüchterung und versteckter Autorität basieren. Autorität ist ein urkonservatives Element.

2. Gleichheit und Ungleichheit

(Vor Gott und dem Gesetz sind alle gleich, aber auch nur dort!)

Wer möchte schon gerne unter Generalverdacht stehen?! Wenn transparenzfördernde Gesetze geschaffen werden sollen, werden diese häufig unter Verweis auf Persönlichkeitsrechte abgelehnt. Am Flughafen aber, wenn es zum Sicherheitscheck geht, hat plötzlich niemand etwas zu verbergen. Man ist ja erleichtert, dass kontrolliert wird.

Wegen der potenziell gefährlichen Mitmenschen ist man froh, dass es Recht und Gesetz gibt, damit Täter abgeschreckt beziehungsweise zur Verantwortung gezogen werden können.

Für Moral gilt das natürlich genauso. Während Gesetzesverstöße einem Verursacher materielle Verluste oder Freiheitsentzug einbringen können, vermögen Moralverstöße einen guten Ruf zu zerstören. Wäre doch toll, wenn man selbst ohne Furcht vor eigenem Reputationsverlust keinerlei Hemmschwellen haben müsste. Das heißt ja auch nicht gleich, dass man anderen Leuten

Böses wollen würde. Aber wenn die eigene Person von den Zwängen aus Recht und Moral ausgenommen wäre, wäre das Leben unkomplizierter.

Fantasien und Tagträume in denen man sich unsichtbar machen oder Gedankenlesen kann, gibt es so lange wie Menschen denken können. Das lebt natürlich von der Vorstellung, dass andere es eben nicht können. Für einen selbst hätte man immer Ausnahmeregelungen parat. Nicht umsonst erlaubt kein Rechtsstaat, dass Menschen Richter in eigener Sache sein dürfen. Warum sollte man selbst bestraft werden wollen?! Menschen wollen also selbst Dinge können und dürfen, die andere nicht können und dürfen sollen. Sie wollen nicht mit anderen gleich sein, sondern privilegiert. Und finden das häufig vollkommen in Ordnung, denn schließlich schätzen sie ihren Charakter als besonders gut ein und glauben, dass sie kleine Bevorzugungen durchaus verdient hätten. Und mit gefülltem Magen lässt sich über die Beseitigung des Hungers in der Welt gleich viel besser nachdenken. Die anderen, ja, die können und sollen sogar gleich sein – untereinander. Das erschiene fair, nicht wahr?!

Folgendes Gedankenexperiment: Welcher wäre wohl der gerechteste Verteilungsmodus, wenn man eine Million Dollar hätte, um sie auf eine Million Personen zu verteilen? Ohne nähere Informationen über Kriterien wie Vermögen, Alter, Geschlecht, Formalbildung, Kinderzahl, Verpflichtungen und Wünsche zu haben? Sicherlich ließen sich kreativ gedacht auch interessant begründete Vorschläge für asymmetrischste Verteilungen finden. Der häufigste konkrete Vorschlag, der auf diese Frage hin jedoch unterbreitet würde, wäre der, dass jede Person einen Dollar bekommen sollte. Interessant muss dann allerdings erscheinen, warum Menschen eigentlich regelmäßig versuchen, eine genau gegenteilige Verteilung herbeizuführen, indem sie auch als Wohlhabende nach immer mehr streben oder zumindest Lotto spielen. Beim Glücksspiel träumen alle Teilnehmer davon, dass sie hinterher als einziger den Jackpot erhalten, in den alle anderen einen Dollar eingezahlt haben.

Natürlich sind Menschen in der Regel Freunde der Gerechtigkeit. Aber eben einer Gerechtigkeit, die primär für die und unter den anderen gilt, ohne dass man selbst als Akteur in alltägliche Verteilungswettkämpfe eingebunden ist. Angstfrei, ohne Versorgungs- und Zukunftssorgen zu leben, das ist doch ein verführerischer Gedanke. Nicht mehr arbeiten zu müssen, während andere den Wohlstand tagtäglich erwirtschaften müssen. Nicht, dass man gar nichts Sinnvolles tun möchte. Mit seiner von Natur aus besonders ausgeprägten moralischen Urteilsfähigkeit und dem eingebauten Gerechtigkeitssinn würde man gerne alle gesellschaftlich relevanten normativen Entscheidungen treffen. Andere begehen keinen Fehler, wenn sie einem die Deutungshoheit überlassen, da man als ausgeprägter Menschenfreund genau weiß, was nicht nur für sich selbst, sondern auch für andere gut ist. Insofern wäre das doch eine angemessene Arbeitsteilung. Auf dieser Basis käme man seiner gesellschaftlichen Verantwortung gerne nach.

So ist es. Menschen wollen reich sein und dabei noch jede Menge Respekt und Anerkennung ob ihrer charakterlichen Großartigkeit bekommen. Reich sein heißt mehr als andere zu haben. Wer es ist, der kann jeden Tag frei wählen, worauf er seine Zeit, Aufmerksamkeit und Anstrengung verwendet. Die Sache hat nur einen kleinen Haken, Unabhängigkeit für jeden, bei Aufrechterhaltung gesellschaftlicher Ordnung, ist prinzipiell unmöglich.

3. Zweigleisiger Wettlauf

(Darüber will niemand sprechen)

Im Hotel muss man nicht auf seinen Wasserverbrauch achten. Jedenfalls nicht aus Kostengründen. Über Wasser-, Wärme- und Stromverbrauch bekommt man keine gesonderte Nebenkostenabrechnung, sondern der Zimmerpreis deckt das alles pauschal ab. Er entspricht einer Flatrate. Man kann so viel verbrauchen, wie die Leitung hergibt, und sei es 24 Stunden lang.

Man kennt das ja von Festpreisen, dass man die Gelegenheit gerne dazu nutzt, es mal so richtig krachen zu lassen. Beim „All-you-can-eat“ haut man sich richtig den Bauch voll. Natürlich verkonsumiert man nicht weniger, sondern eher mehr als sonst. Ist erst mal bezahlt, kostet es ja quasi nichts mehr. Jedenfalls nicht einen selbst. Den Gewerbetreibenden, der die Flatrate anbietet, schon. Aber der wird schon noch ein paar Cent verdienen. Und selbst wenn nicht, dann ist das sein Risiko, mit dem er rechnen muss, und so oder so ist man ihm moralisch nichts schuldig. Ja, wenn es die Rechnung anderer in die Höhe treibt, dann lässt sich gut leben.

In einer Wohngemeinschaft, wie sie gerade unter Studenten üblich ist, gibt es jede Menge Gemeinschaftskassen. Hier bezahlt jeder einen Anteil am Nebenkostenverbrauch in der Höhe der Anzahl der Mitbewohner. Wer mit drei Personen zusammenlebt bezahlt von seinem Verbrauch immerhin bloß ein Viertel. Aber eben auch ein Viertel vom Verbrauch der anderen. Da treibt man die Kosten nicht ganz so bedenkenlos in die Höhe, aber immerhin mehr, als wenn es vom eigenen Individualkonto zu zahlen wäre. Das Dumme ist nur, dass die meisten anderen es auch tun. Klar hat das was mit charakterlicher Integrität der Gemeinschaftsmitglieder zu tun. Nicht jeder plündert bedenkenlos. Aber es ist eine Tatsache, dass Restaurantrechnungen pro Kopf umgelegt höher geraten, als wenn getrennt gezahlt wird, sofern vorher beschlossen wurde, den Gesamtbetrag am Ende einfach durch alle zu teilen. Und das nicht nur, weil gute Gesellschaft appetitanregend ist. Wirte freuen sich, weil sie dann mehr Hummer verkaufen.

Das ist eine echte Tragödie. Deshalb heißt der Fachbegriff für das Phänomen auch „Tragedy of the Commons“. Es sich bewusst zu machen kann Misstrauen sähen. Es sich vor Augen zu führen ist aber auch die einzige Möglichkeit, um sich Gegenmaßnahmen auszudenken. Je schlechter sich beobachten und zurückverfolgen lässt, wer wie viel verbraucht, desto schlimmer. Und je mehr Beteiligte an einem Gruppenkonto, desto schlimmer. Zu dritt fällt es doch auf, wenn ein Rechnungsbetrag so gar nicht zu dem passt, was man selbst verbraucht hat, und es gibt nur zwei Verdächtige. Aber zu zwanzigst ist es etwas anderes.

Wo immer Gruppenkonten bestehen, entstehen früher oder später Wettläufe. Wo alle Beteiligten regelmäßig einen festen Betrag einzahlen, dort entsteht ein Wettlauf darum, mehr als andere zu verbrauchen. Wo es umgekehrt ist und alle Beteiligten regelmäßig einen festen Betrag ausgeschüttet bekommen, dort entsteht ein Wettlauf darum, weniger als andere einzuzahlen. Oft ist beides variabel. Wenn hingegen beides fix wäre, dann läge gar kein echtes Gruppenkonto vor.

Schon so mancher Langhaarträger hat seinen kahlen Mitbewohnern versucht zu verdeutlichen, dass die Wohngemeinschaft doch auch einen Fön anschaffen sollte. Solange es um Ausgaben geht, versucht jedes Gruppenmitglied sie zu vergemeinschaften, aber sobald es um Einnahmen geht, kann jeder kreativ erläutern, warum diese auf sein Individualkonto gebucht werden sollten. Gerade bei Ehescheidungen ist traurigerweise zu beobachten, wie einander mit viel Aufwand vorgerechnet wird, welche Anschaffungen gemeinschaftlich und welche individuell erfolgten, sowie welche Einnahmen zu teilen wären und welche nicht. Das Phänomen zeigt sich in mannigfaltiger Weise. Etwa auch dann, wenn man in einer reichen Region wie Katalonien auf die Idee kommt, die völkerrechtliche Unabhängigkeit zu fordern. Merkwürdigerweise ist das für viele Beobachter in seiner moralischen Qualität etwas ganz anderes als der „Brexit". Besonders lustig wurde es, als innerhalb Kataloniens in der Folge prompt die reichsten Gemeinden ihre Unabhängigkeit von Katalonien ins Gespräch brachten.

Wie sollte damit umgegangen werden?

Wer keine Freundschaften riskieren möchte, der sollte vielleicht nicht zusammen in die teuersten Restaurants gehen und auf Gemeinschaftsrechnung Champagner bestellen. Wer hingegen auf den Prüfstand stellen möchte, wie es um die charakterliche Substanz eines „Freundes" bestellt ist, für den ist genau das natürlich eine fragwürdige Möglichkeit.

Manche Kulturen haben den Ruf, dass einem dort mit besonderer „Gastfreundschaft" begegnet werde. In anderem Kontext heißt es über dieselben Kulturen schon mal, dass dort die Steuermoral nicht sonderlich ausgeprägt sei und Korruption grassiere. Soweit die Klischees zutreffen, wird also versucht, sich Reputation zu erschleichen, indem der Eindruck erweckt wird, dass man großzügigerweise auch andere von seinem Individualkonto profitieren lässt, derweil man es sich „hintenrum" vom Gruppenkonto unter Umständen mehr als zurückholt. Perfidie braucht dabei keineswegs unterstellt werden. Und natürlich gibt es auch uneigennützige Gastfreundschaft, die in manchen Ländern aus kulturellen Gründen verbreiteter zu sein scheint.

Es sei in diesem Zusammenhang darauf hingewiesen, dass Philosophen zwischen „Deontologie“ und „Konsequentialismus“ unterscheiden. Deontologen, also Pflichtethiker, bewerten eine Handlung in Hinblick auf die vorgegebene Intention des Akteurs, Konsequentialisten, Vertreter einer Variante des Utilitarismus, bewerten nur ihr Ergebnis, denn sie wollen Akteure nicht von der Verantwortung befreien, sich auch komplexe Folgen eigenen Verhaltens genauestens vorher zu überlegen. Ein Deontologe würde die Großzügigkeit eines Gastgebers daher dennoch auch im Nachhinein schätzen, selbst wenn dieser später als Steuerhinterzieher entlarvt wird, sofern sie authentisch erschien und die Absicht, das eine mit dem anderen zu finanzieren, nicht schon vorher bestand. Konsequentialisten dagegen verrechnen beides miteinander. Die Thematik ist jedenfalls weitaus komplexer, insbesondere bezüglich ihrer moralischen Implikationen, als es zunächst erscheinen mag.

Dabei lässt es sich nur in Gemeinschaften, die überwiegend getrennt zu zahlen pflegen, glaubwürdig zeigen, dass man großzügig ist, indem man beispielsweise andere einlädt. Aus einem Topf wirtschaftende Gemeinschaften bieten Vorteilssuchenden hingegen die besten Chancen parasitäre Bestrebungen zu kaschieren.

Das sollte alles mitgedacht werden, wenn man Liberalen Ego- oder Linken Altruismus unterstellt. Wenn zu Geld gekommene Linke plötzlich liberal und verarmte Liberale sozialistisch werden, sollte das niemanden verwundern.

Der Steueretat eines Staates ist das ultimative Gruppenfinanzkonto seiner Mitglieder. Daher versucht jeder an Subventionen zu gelangen und Gründe dafür zu finden, dass der Staat in dieses oder jenes investieren sollte. Gleichzeitig aber versucht jeder seine Steuerlast so weit wie nur irgend möglich zu reduzieren. Wer netto davon profitiert, legt üblicherweise großen Wert auf Wahrung eines Steuergeheimnisses und versucht es als „Persönlichkeitsrecht" oder sonst wie legitimen Anspruch auf Privatsphäre zu deklarieren. Wer sich sicher ist draufzuzahlen, ist für Transparenz. Zu beobachten, wo und wann jemand Transparenz oder doch eher Privatsphäre beansprucht, kann insofern recht aufschlussreich sein.

Den einen oder anderen Nutznießer, der es sich auf Gemeinschaftskosten mal so richtig hat gutgehen lassen, wird vielleicht nicht einmal ein schlechtes Gewissen plagen. Ob er es zugäbe, wenn er offen darauf angesprochen würde, ist fraglich. Berufspolitiker haben es bei gleichem Handeln etwas schwerer, denn sie müssen sich ständig rechtfertigen und dabei authentisch wirken, auch wenn sie ihre Empörung nur professionell spielen. Sie müssen in jedem Fall sehr rational kalkulieren, wessen Interessen sie wann und wie vertreten sollten oder „müssen", sowie wen sie zumindest in den Glauben versetzen wollen, dass sie seine Interessen berücksichtigen. Wer sich diesen Hintergrund bewusst macht, der sieht bereits sehr vieles, was Politiker von sich geben und wie sie handeln, mit klareren Augen. Die Mechanismen sind gar nicht so kompliziert.

Wenn man nun eine Anleitung für den skrupellosen Opportunisten, Pardon, natürlich den „ehrlichen Politiker" formulieren müsste, dann würde die in etwa so lauten:

- leite Einnahmen auf Dein Individualkonto um
- verweise bei Ausgaben auf Gruppenkonten
- beute Gruppenkonten aus
- entziehe Dich der Verantwortung, Gruppenkonten aufzufüllen
- moralisiere und polemisiere gegenüber anderen und appelliere an ihr Verantwortungsbewusstsein gegenüber den Gruppenkonten
- wenn Du doch auf ein Gruppenkonto eingezahlt hast, dann sorge dafür, dass eifrig darüber geredet wird; aber lass andere sprechen

4. Altruisten und Egoisten

(Das versteht jeder!)

Im Jahre 1998 führte die Psychologin Sara Solnick gemeinsam mit dem Ökonomen David Hemenway anonyme Befragungen von Harvardstudenten durch, deren Ergebnisse es in Windeseile zu einem beliebten Partygesprächsthema brachten. Bald war man sich nicht mehr sicher, ob sie eine „Urbane Legende" oder wahr waren.

Danach befragt, ob ihnen lieber wäre, dass ihnen 100.000 Dollar in die Hände fielen, während jeder ihrer Freunde und Kollegen 200.000 Dollar erhielte, oder ob ihnen 50.000 Dollar lieber wären, vorausgesetzt, dass die anderen jeder nur 25.000 Dollar bekämen, entschied sich eine erstaunliche Mehrheit der Probanden für die zweite Variante.

Wer diese Geschichte erstmals hört, den mag das überraschen. Wer unerschütterlich „an das Gute im Menschen" glaubt, der mag vielleicht die Wissenschaftlichkeit solcher Studien anzweifeln. Der Schock rührt daher, dass die Ansprüche an andere Menschen und die Illusionen über ihre Edelmütigkeit weit ausgeprägter sind, als ihr tatsächliches Verhalten dazu Anlass gibt. Wer selbst in die Situation kommt, Ressourcen zwischen sich und anderen aufteilen zu müssen, der lässt sich je nach Charakter mehr oder weniger Gründe einfallen, warum diesmal eine Ausnahme vorliegen dürfte oder, dass es in diesem Fall „etwas ganz anderes" sei, wenn er sich selbst bevorzugt.

Napoleon Bonaparte war nicht unglücklich darüber, dass es zu seiner Zeit noch keinen Porsche gab und er daher das schönste Pferd von ganz Frankreich reiten musste. Und gegen Ende des zwanzigsten Jahrhunderts waren Menschen so wenig unglücklich darüber, dass sie noch kein Smartphone hatten, wie sie heute nicht tagtäglich darüber in Depressionen verfallen, dass sie die Erfindungen einer ungewissen Zukunft noch nicht genießen können.

An die Höhe absoluten Wohlstands gewöhnen Menschen sich, aber an ihre relative Position innerhalb eines Vermögensrankings selten.

Finanzökonomen mögen jene Harvardstudenten vielleicht als „irrational" etikettieren, aber Verhaltensökonomen haben längst verstanden, dass die Präferenzen, die ökonomischen Entscheidungen zugrunde liegen, keineswegs nur monetäre Auszahlungsoptimierung vorsehen und nicht nur die eigene Person im Blick haben.

In dem Spruch, wonach Menschen sich unentwegt Wettläufe darin liefern, sich Dinge zu kaufen, die sie nicht brauchen, um Menschen zu beeindrucken, die sie nicht mögen, steckt mehr als nur ein Körnchen Wahrheit.[1]

Es lohnt sich in Hinblick auf den späteren Transfer aufs Politische des Weiteren das sogenannte „Public Good Game“ zu betrachten, das in der deutschsprachigen spieltheoretischen Literatur auch „Gemeinwohlspiel“ genannt wird. Wenn ein Spielleiter vier Teilnehmern je zehn Dollar austeilt und erklärt, dass er den Gesamtbetrag, den sie davon anonym in einen Topf einzahlen, verdoppeln und dann gleichverteilt an alle wieder ausschütten werde, wie viel sollte man als Teilnehmer dann in den Topf geben? Gäben alle vier ihre zehn Dollar hinein, dann würden vierzig Dollar auf achtzig verdoppelt, was bei gleichmäßiger Verteilung einer Rückzahlung von zwanzig Dollar an jeden entspräche. So schnell lässt Kapital sich verdoppeln. Wenn man allerdings null Dollar in den Topf legt, und damit seine zehn also komplett behält, die anderen aber weiterhin jeder zehn einzahlen würden, dann würden nur dreißig Dollar auf sechzig verdoppelt, was nach gleichmäßiger Ausschüttung fünfzehn pro Person bedeuten würde. Drei Teilnehmer hätten dann also jeder fünfzehn Dollar, was mehr als vorher wäre, aber man selbst hätte ja noch seine ursprünglichen

1 Willet, Florian: *Der Soziale Schwan*; Kiel 2013

zehn Dollar und somit insgesamt fünfundzwanzig. Man hätte sowohl relativ mehr als andere, als auch absolut mehr als vorher, und müsste deshalb noch nicht einmal ein schlechtes Gewissen haben, denn die Spielregeln waren ja allen bekannt. Das gesamte Gruppenvermögen würde sich derweil nur auf Siebzig statt möglicher Achtzig belaufen.

Wer mehr als andere hat, kann nun mehr Einfluss auf das Gruppengeschehen nehmen und ist vielleicht auch deshalb als Beziehungspartner attraktiver. Und vielleicht kommt es so manchem im Endeffekt ja genau darauf an.

Menschliche Evolution hat viel mit Kooperation zu tun. Und wer vermeiden möchte, dass sein Name mit Zwietracht oder Schwarzmalerei verbunden wird, der wird darauf den Fokus legen. Evolution hat aber noch mehr mit Verdrängung zu tun. Und zahlreiche Kooperationsformen bewirken die gemeinsame Verdrängung anderer – als Gruppe gegen andere Gruppen.

Es gibt einen Pilz mit Namen „Pseudomona fluorescensis“. Er lässt sich nicht essen. Aber er ist auf gewisse Weise repräsentativ.

Dieser Pilz schwimmt auf der Oberfläche von Gewässern. Dazu benötigt er einen Film, auf dem er schwimmen kann. Wenn nicht genug Film da ist, dann geht seine Kolonie unter und versinkt im Wasser. Die Einheiten, aus denen eine Kolonie dieses Pilzes sich zusammensetzt, können im Wesentlichen zwei Dinge tun. Sie können ihre Energie darauf verwenden sich selbst zu reproduzieren, also für Nachwuchs zu sorgen, oder Film zu produzieren, der von allen gemeinsam so dringend gebraucht wird.

Evolution bringt miteinander konkurrierende Gruppen hervor, sowie miteinander konkurrierende Individuen innerhalb der Gruppen. Die Gruppen mit den meisten Egoisten sind auch jene, die zuerst zugrunde gehen und sterben, während jene mit den meisten Altruisten am stabilsten sind und wachsen, bis sie auseinanderbrechen. Innerhalb von Gruppen dagegen leben und überleben wiederum Egoisten besser als Altruisten. Evolutionsbiologen sprechen von „Gruppenselektion", „Individualselektion" und beides kombiniert von „Multilevelselektion". Man sollte den Pilz im Hinterkopf haben, wenn später der politische Kosmos genauer betrachtet wird.

5. Gerechtigkeitsjahrmärkte

(Politische Ernüchterung)

Wenn Probanden gebeten werden über Politik nachzudenken, erweisen sich ihre mathematischen Fähigkeiten in anschließenden Tests als reduziert. Sollen sie hingegen zunächst Mathematikaufgaben lösen, dann fällt es ihnen anschließend in Diskussionen schwerer, ihren Standpunkt durchzusetzen. Solche Experimente sind sehr entlarvend, zeigen Sie doch, dass wenn Menschen eigene Interessen durchsetzen wollen, sie regelmäßig die Wichtigkeit der eigenen Anliegen überschätzen, und das Ausmaß, in dem andere gegebenenfalls zurückstecken müssten, unterschätzen. Sie halten es für nicht so eine große Sache, wenn man ihren Wünschen entgegenkommt, aber umgekehrt halten sie Forderungen von anderen im Verhältnis dazu für übertrieben.

Fairness wird mit zweierlei Maß gemessen. Das kennt man vom Profifußball, wenn Beteiligte nach einer Partie Interviews geben. Ihnen fallen allerhand Gründe ein, warum diese oder jene Schiedsrichterentscheidung eine Benachteiligung zu ihren Ungunsten war. Und umgekehrt vergessen sie die Situationen, in denen sie von Fehlentscheidungen profitiert haben, geflissentlich. Analog dazu suggerieren Politiker entgegen dieser Erkenntnisse, dass Politik etwas Objektives sei und nur ihre Partei wisse, was zwingend zu tun sei. Dass ihre politischen Gegner dies ebenfalls von sich behaupten, wird ausgeblendet.

Politik steht also weniger für einen Erkenntnisprozess auf der Suche nach Wahrheit. Und auch nicht für einen Ort, an dem Leute zusammenkommen, um sich gemeinsam über so etwas wie eine objektive Gerechtigkeit zu verständigen und über die notwendigen Maßnahmen, die eingeleitet werden müssten, um sie zu verwirklichen. Vielmehr stellt Politik eine Abfolge unentwegter Machtkämpfe darum dar, subjektive Standpunkte durchzusetzen. Darum geht es. Um eigene Interessen und um Interessenvertretung. Also um Individualinteressen innerhalb von Gruppen. Das kann natürlich dann am besten gelingen, wenn eigene Perspektiven für allgemein gerechte Sichtweisen gehalten werden. In der Mathematik wäre das schwierig. Dass fünf plus drei gleich acht ergibt, lässt sich schwerlich glaubhaft abändern. Auch das kennt man vom Profifußball. Wer im Tor steht und einen Elfmeter abwehren soll, dem kommt das Tor viel größer als dem Schützen vor, der den Ball im Netz versenken soll. Menschliche Wahrnehmung projiziert die physikalische Umwelt nicht immer gleichmäßig und maßstabsgetreu ins Bewusstsein. Wer Abstände und Entfernungen schätzt, überschätzt zumeist auch die Genauigkeit seiner Fähigkeiten. Und so überschätzen Menschen auch die Rationalität ihrer Gedanken. Aus der Innenperspektive fühlen Gedanken sich in aller Regel viel rationaler an, als sie auf Außenstehende wirken.

Wenn es mit mündlichen Verhandlungen nicht klappt, dann setzt sich am Ende politischer Verhandlungen der stärkste von zwei oder mehr Widersachern im schlimmsten Fall sogar mit körperlicher Gewalt durch (siehe beispielsweise die häufigen Schlägereien etwa im ukrainischen Parlament) oder gar am Ende durch Putsch und Krieg. Menschen verfügen über zahlreiche unvereinbare Interessen. Wo es Interferenzen gibt und Win-win-Situationen nicht möglich sind, dort setzt sich wie eh und je einfach der Mächtigere durch. Rhetorisch geschickt nennen Politiker Gewalt oft die „Ultima Ratio", die nur angewandt werde, wenn Gespräche keine befriedigende Lösung bringen. Das impliziert, dass ein schwächerer Verhandlungspartner doch die Wahl hat, vernünftig zu sein und Unheil abzuwenden. Also seine materielle Unterlegenheit zu erkennen und einzuknicken. Demnach liegt es am Schwächeren, ob er sich beugt, oder ob er dem Mächtigeren „keine andere Wahl" lässt – also zwei gänzlich unterschiedliche Definitionen von „die Wahl haben". Statt zu sagen, dass Gewalt nur dann zur Anwendung kommt, wenn Gespräche nicht fruchten, könnte man ehrlicherweise auch sagen, dass Gewalt zur Anwendung kommt, es sei denn Gespräche fruchten.

6. Berufspolitiker

(Von Charakterstärke und Korrumpierbarkeit)

Das hat man schon öfter gehört, dass das deutsche Steuersystem das komplizierteste der Welt sein soll. Angeblich seien es neunzig Prozent der weltweiten Steuerliteratur, die primär das deutsche Steuersystem zum Gegenstand haben. Ob das eine urbane Legende ist? Natürlich! Man soll ja nicht alles glauben. Dass das deutsche Steuersystem zu kompliziert ist und vereinfacht werden müsste, scheint aber unzweifelhaft. Oder etwa nicht? Liberale Politiker behaupten es doch immer. Vor einigen Jahren tauchte während eines Wahlkampfs sogar mal ein „Professor aus Heidelberg" in einem Schattenkabinett auf, dem vorschwebte, dass für den Großteil der Bürger ein „Bierdeckel" ausreichen sollte, um die eigene Steuererklärung unterzubringen.

War das seriös? Oder eher populistisch? Wer weiß das schon. Etwas seriös als „populistisch" bezeichnen zu können setzt ja voraus, dass man sich in einer Materie selbst auskennt und ihre Komplexität durchdrungen hat.

Vielleicht setzt ja gerade Unübersichtlichkeit Anreize und wirkt steigernd auf den Gesamtwohlstand?! Kann sein und kann nicht sein. Wie soll man das herausfinden? Einen Experten fragen? Wer ist Experte? Ein Steuerberater? Klingt vielversprechend – oder?

Steuerberater sind selten Idioten. Es gibt Stimmen, die sagen, dass ein deutsches Steuerberater- noch anspruchsvoller als ein juristisches Staatsexamen sei. Was würde ein Steuerberater ihnen aber wohl antworten und empfehlen, wenn ein regierender Politiker ernsthaft fragen würde, ob das Steuersystem vereinfacht werden könnte und sollte? Würde jemand, der alle Schleichwege kennt, selbstlos empfehlen, selbige zuzuschütten?

Wie wahrscheinlich ist es, dass jemand, der sich mit harter Arbeit und Jahren des Kenntniserwerbs einen Informationsvorsprung vor der breiten Mehrheit verschafft hat, und der jedes Mal, wenn er von einem Ahnungslosen um seine Dienste gebeten wird, einen fürstlichen Obolus verlangen kann, empfiehlt, dass die Basis genau dieses Informationsvorsprungs abgeschafft werden sollte? Und das auch noch ohne, dass man ihn mit Provisionen für den entgangenen Gewinn entschädigt, den er im Laufe seines restlichen Berufslebens noch eingestrichen hätte?! Die Wahrheit ist, dass Menschen Informationsvorsprünge üblicherweise ausbeuten, solange sie existieren und einen Teufel tun würden, um das zu ändern.

Das Dilemma, das hier vorliegt, wird von Wirtschaftswissenschaftlern „Prinzipal Agent"-Problem genannt. Derjenige, dessen Hilfe man benötigt, hat seinerseits wiederum in erster Linie ein Interesse, das dem eigenen zuwiderläuft. Wer einen Steuerberater beauftragt, tut dies üblicherweise, weil er Geld einsparen möchte. Der Steuerberater stellt seine Dienste zur Verfügung, weil er Geld verdienen möchte. Er hilft also zunächst dabei, individuell so viel Geld wie möglich zu sparen, um hinterher eine so hohe wie mögliche Rechnung präsentieren zu können. Auch wenn ein Unternehmen einen Geschäftsführer beschäftigt, dann gehört es üblicherweise zu dessen wesentlichen Aufgaben, Kosten zu minimieren, also etwa gegenüber Angestellten in Gehaltsverhandlungen zu behaupten, dass und warum das Unternehmen nur bis zu einer bestimmten „Schmerzgrenze" gehen könne. Derweil wird er, wenn es gegenüber den Unternehmenseignern um sein eigenes Gehalt geht, genau das Gegenteil versuchen.

Im Gegensatz zu Steuerberatern und Geschäftsführern werden Berufspolitiker in Demokratien nicht von Individuen, sondern von der gesamten Gruppe aller Wähler beauftragt. Der Verlockung, sich selbst um ein paar zehn- oder hunderttausend Euro zu bereichern, selbst wenn es den ihm anvertrauten Gruppeninteressen einen riesigen Schaden beschert, sind postenbekleidende Politiker unentwegt ausgesetzt. Fühlt er sich unbeobachtet und sicher, ergreift manch einer die Gelegenheit, womit er sich von einem Dieb nicht sonderlich unterscheidet. Das fängt mit den privat genutzten Bonusmeilen oder dem in der Bundeswehrmaschine mitgebrachten und unverzollten Perserteppich an und hört mit einem Bundeskanzler, der mutmaßlich Spender erfindet, um Schaden an seiner Reputation zu begrenzen, noch lange nicht auf.

Wenn Politiker „Werte" propagieren, selbst wenn sie ihnen selbst nicht gerecht werden, dann in der Regel aus strategischen Überlegungen und weil die Wähler sich an ihnen orientieren sollen – wie an Recht und Gesetz ja auch. Eigenes Interesse gewählt zu werden geht vor inhaltlicher Optimierung. Machtabsicherung geht vor Aufrichtigkeit. Taktisch gespieltes Menscheln vor Authentizität. „Diäten" und Pensionsansprüche vor Haushaltseinsparungen. Dem sind Reden und Handeln untergeordnet. Wenn Krisen- und (zum Beispiel Hochwasser-)Katastrophen gar eigene Vorteile mit sich bringen, weil eine schon verloren geglaubte Wahl doch noch gewonnen werden könnte, ist das wohl kaum unwillkommen. Schlaflose Nächte wird kaum ein Politiker deswegen haben. Wenn sie selbst bei Moral- und Rechtsverstößen erwischt werden, dann ist eine Wette auf ein Risiko, das sie meist bewusst eingegangen sind, halt nicht aufgegangen. Da an Berufspolitiker allerdings überdurchschnittliche ethische Ansprüche gestellt werden, ist die Zerstörungswirkung von Fehltritten auf ihre Reputation besonders groß. Vielfach werden sie für „bessere Menschen“ gehalten, obwohl doch jeder wissen sollte, wie schwierig es einem selbst fällt, eigene Vorsätze einzuhalten. Was müsste da alberner erscheinen, als wenn im Zuge der einen oder anderen „Affäre“, gleich ob es um Flugmeilen, Rotlichtkontakte, Schwarzgeld, anonyme Parteispenden oder bloß private Putzfrauennutzung geht, mit Empörung über die moralische Verworfenheit der Politikerkaste zu reagieren, oder?!

Während die allgemeine Empörung bei Fehlverhalten gewaltig sein kann, muss dies jedoch nicht gezwungenermaßen auch unter eingeschworenen Stammwählern so sein. Fehler die zeigen, dass sie „auch nur Menschen“ sind, werden Politikern in der eigenen Anhängerschaft dann schon mal großzügig verziehen. Zumal wenn Gegnern der eigenen Fraktion mehr geschadet wurde, sowie wenn die politische Landschaft allgemein stark gespalten ist und in Andersdenkenden weitaus größere Gefahren als auf eigener Seite gesehen werden.

Politiker unterschiedlicher politischer Lager können durchaus auch zusammenhalten, gemeinsam gegen die jeweiligen Wähler, von denen sie gewählt wurden. Man kennt das etwa von Advokaten in zivilrechtlichen Streitigkeiten. Da schickt einer seinem Kollegen von der anderen Seite schon mal einen per „Copy-and-paste" zusammengebastelten Standardbrief, auf den dieser mit einem ebensolchen Standardbrief reagieren muss, sodass ein überflüssiger formeller Schriftverkehr entsteht, obwohl das meiste davon verzichtbar wäre. Aber es treibt die Kosten des Rechtsstreits in die Höhe und damit Geld auf die Individualkonten beider Anwälte. Wie hinter vielem, was „Verschwörung" genannt wird, muss auch hierhinter gar keine explizite Absprache stecken. Häufig ist es so, dass eine Seite einfach mal mit einem darauf ausgerichteten Verhalten in Vorlage geht und abwartet, ob es von der Gegenseite „kooperativ" beantwortet wird.

Prominente Politiker lassen sich häufig bei insofern gespielten Fernsehtalkshows beobachten, als dass beide vermutlich selbst nicht unbedingt an das glauben, was sie abwechselnd erzählen, sondern nur eine Show für die Wähler präsentieren, wohl wissend, dass auch der Gegenpart vor der Kamera genauso vorgeht. Allerorten ist zu hören, dass Politiker, die sich in der Talkshow eben noch hart angegangen sind, danach beim Weinchen nett miteinander amüsieren.

Wenn über „Frauenrechte" abgestimmt wird, dann halten schon mal nahezu alle Frauen quer durch sämtliche parlamentarisch vertretenen Parteien zusammen. Wenn über die Streichung von Doktortiteln aus Ausweisdokumenten abgestimmt wird, dann stehen die promovierten Parlamentarier überwiegend auf einer Seite. Wenn es schließlich um Vergütungs- und Versorgungsfragen geht, dann halten zumindest insgeheim fast einhundert Prozent der Abgeordneten zusammen. Und wenn eine kleine Fraktion formell dagegen stimmt, dann ist der Verdacht nicht weit, dass es aus Profilierungsgründen erfolgt, zumal es ganz gefahrlos ist, weil man weiß, dass dies angesichts der Mehrheitsverhältnisse nichts verändert aber Sympathiepunkte beim Wähler beschert. Viele Politiker privilegierende Rechtsvorschriften könnten nur von den Politikern selbst abgeschafft werden. Genau so, wie sie nur von ihnen, die sie als Einzige profitieren, eingeführt werden konnten. Eklatantes Beispiel der letzten Jahre: Der Stuttgarter Landtag hatte sich 2008 die Diäten mit der Begründung erhöht, dass auf eine private Altersvorsorge umgestiegen werden solle. Später wollten sie wieder staatliche Pensionen einführen, ohne die saftige Gehaltserhöhung rückgängig zu machen. Es kann also kaum überraschen, wenn die Politiker diejenigen sind, die am wenigsten Interesse an der Abschaffung ihrer Selbstbedienungsmöglichkeiten haben. Doch das gibt niemand zu. Über solche Themen wird einfach geschwiegen. Gesetze, über die sie sich praktisch alle einig sind, werden von Abgeordneten gemeinhin in enger Taktung während „wichtiger" Fußballspiele oder gar Weltmeisterschaften durchgepeitscht. Immer wieder. Und es funktioniert. Auch deshalb, weil Journalisten in ihren Medien gerade dann auch weniger Platz zum Berichten bleibt und Seite-Eins-Schlagzeilen für den nächsten Morgen entsprechend anderweitig reserviert sind.

Daran, dass „Leitmedien" die „Vierte Macht" in einer gewaltengeteilten Republik sind, kann kein Zweifel bestehen. Wenn Journalisten sich in einem starrer werdenden System an bestimmten Stellen einnisten, kann sich auch zwischen ihnen und Berufspolitikern unausgesprochen eine wechselseitig profitable Beziehung etablieren. Dann werden sie, was sich als „Teil des Systems" bezeichnen lässt. Das Phänomen, im Gegenzug für Gefälligkeitsartikel in Sportzeitschriften zum „Maulwurf" zu werden, ist von Profifußballern bekannt, die verdeckt aus der taktischen Mannschaftsbesprechung berichten. Das läuft bei politischen Medien nicht anders. Journalisten „schützen" ihre Informanten. Interessen so gegeneinander auszuspielen gehört zur „Pressefreiheit". Aber darauf, dass die meisten Journalisten aufrichtig sind und „Rückgrat" beweisen, wenn sie sich die Frage stellen, ob sie ihre von Abwahl bedrohten Maulwürfe mittels einseitiger Berichterstattung unterstützen wollen, sollte sich nicht verlassen werden. Insofern werden Leitmedien nach und nach regierungsgeneigter. Umgekehrt richten sich die Verlautbarungen von Regierenden mehr und mehr danach aus, was einflussreiche Journalisten hören oder „geliefert" bekommen wollen.

Wo fängt Korruption an und wo hört sie auf? Muss dazu Geld fließen? Wie würden Verhaltensökonomen „geldwerte Vorteile" definieren?

Warum „genießen" Parlamentarier eigentlich überhaupt so etwas wie „Immunität"? Sind dahintersteckende Argumente denn wirklich wichtiger als Rechtstreue? Und wie kann es eigentlich sein, dass eine Politikerin sich mit einem gefälschten Lebenslauf Vertrauen von Kollegen und Wählern erschleichen und damit in Parlamente und Ämter gelangen kann, aber, sobald sie auffliegt, keine Gesetzesgrundlage vorhanden ist, um sie zu entlassen, geschweige denn zur vollständigen Rückzahlung von Geldbezügen zu zwingen und Schadensersatz zu verlangen? Sollte ein System nicht besser so ausgelegt sein, dass des Lügens überführten Politikern sämtliche finanziellen Absicherungen verlorengehen? Wer Politiker auch langfristig und nachhaltig an dem messen können wollte, was sie mal versprochen haben, der müsste für die Möglichkeit sein, Politikern alle Individualleistungen wieder wegzunehmen, die sie seither bezogen haben. Aber Politik ist nicht nachhaltig, sondern leider ein Tagesgeschäft.

An einer „Parteibasis" kann noch unterstellt werden, dass die, die unbezahlt „Stammtische" und Kreisversammlungen besuchen, sich einbringen und dafür Freizeit opfern, weniger von persönlichem Egoismus getrieben werden als vielmehr ein echtes Interesse an politischer Programmatik haben. Noch mehr kann davon ausgegangen werden, dass wer sich in einer bestimmten Jugendparteiorganisation einbringt, von Idealismus getrieben ist. Vielleicht weniger obwohl, als gerade weil er zahlreiche ökonomische und psychologische Zusammenhänge noch nicht durchschaut hat. Das wird später freilich vielfach abgelöst von sich bietenden Aufstiegschancen, von sich mehrendem und verstärkendem Beziehungsgeflecht, von wachsendem Einfluss, Macht, Aufmerksamkeit und Anerkennung und schließlich von den monetären Aussichten. So wird in materielle und reziproke Abhängigkeitsverhältnisse hineingewachsen. Irgendwann ist ein Point-of-no-Return überschritten. Bei einem Ausstieg oder einem gravierenden weltanschaulichen Kurswechsel würde man zu viel verlieren. Je expliziter strukturiert und höher eine Hierarchieebene also ist, desto mehr „Machtwille" ist dort vorhanden. Entsprechend werden auch und gerade parteiinterne Machtkämpfe geführt, wird paktiert, intrigiert und gemauschelt. Von solchen Dingen verstehen Spitzenpolitiker besonders viel. Wer oben steht, muss sogar den wesentlichen Teil seiner Arbeit in Schutz- und Verteidigungsmaßnahmen der eigenen Stellung investieren. Jeder Spitzenpolitiker hat die sprichwörtlichen Leichen im Keller.

Als Faustformel kann gelten, dass die Vertrauenswürdigkeit von Politikern je mehr leidet, desto höher sie in der Rangordnung stehen. Der Beruf des Politikers landet bei Umfragen zur Beliebtheit von Berufen immer auf den hinteren Plätzen. Relational, das heißt im Vergleich der Politiker untereinander, so bei den beliebten Sonntagsumfragen, sieht das natürlich ganz anders aus.

Merke: Charakterstärke, also eine gewisse Kompromisslosigkeit im Festhalten an „Werten“, ist nicht zu verwechseln mit einer starken Persönlichkeit, denn gerade Leute mit charismatischer und einnehmender Persönlichkeit können einen verkommenen Charakter haben.

7. Systemverkrustung

(Wie Macht ohnmächtig macht)

Wer einen Aufsatz schreibt, heimwerkt oder ein Computerspiel spielt, der kann jederzeit entscheiden, das Papier zusammenzuknüllen, ein frisches Stück Holz zu nehmen oder die Resettaste zu drücken und nochmals anzufangen, wenn er nicht zufrieden ist. Das ist bei sozialen Angelegenheiten anders. Wer nicht nur gegen den Computer, sondern mit menschlichen Mitspielern Monopoly spielt, der wird feststellen, dass gerade je drängender er gerne neu beginnen würde, es seine Konkurrenten umso weniger wollen. Ein System zum Einsturz bringen wollen meist Verlierer oder in Verlierermilieus Hineingeborene, die verständlicherweise jede Zustimmung zu und Verantwortung für vor ihrer Geburt beschlossene gesellschaftliche Entscheidungen, Verträge und Handlungen von sich weisen. Gewinner träumen nicht von Revolution.

Auch Rechts- und Moralphilosophen träumen eher selten von Revolution. Aber sie stellen sie sich zumindest gelegentlich vor, wenn sie über Utopien von optimaler gesellschaftlicher Organisation oder Legitimität von „Gesellschaftsverträgen" nachdenken.

Man stelle sich den Anfangspunkt einer Gesellschaft also einmal vor: die erste Zeit nach einem Systemzusammenbruch oder einer Revolution, wenn Machtverhältnisse gerade gekippt sind und sich nach einem Vakuum wieder allererste Strukturen zu konstituieren beginnen. Über diesen Augenblick gibt es bergeweise rechtsphilosophische Literatur – moralphilosophische erst recht. Nicht normativ, also nicht behauptend, dass man wüsste, wie nun objektiv zu verfahren sei, sondern rein beobachtend und beschreibend könnte sich erläutern lassen, wie einige Personen zusammenkommen, um konstruktiv Übereinkünfte auszuhandeln, die sie fixieren, indem sie sie möglichst präzise ausformuliert schriftlich festhalten. Die fundamentalen Angelegenheiten zuerst. Vielleicht würden sie es „Verfassung" nennen und in ihr ein juristisches Dokument sehen, dessen Inhalte fortan durchgesetzt werden sollen. Darin könnte durchaus schon konkret festgehalten sein, welche Staatsform die neue Gesellschaft haben soll, dass die Gesellschaft eine administrative Infrastruktur mit einem oder mehreren Parlamenten und bestimmten Ämtern und Posten haben soll, sowie einen Staatsapparat, der Steuern eintreibt, um sich selbst und das, was Politiker beschließen werden, zu finanzieren.

Drei Tage später wäre das ausgehandelte Gebilde natürlich noch ziemlich instabil. Manch einer unter den „Gründervätern" könnte es sich noch mal anders überlegen und auch andere davon überzeugen, dass sich – aus welchen Gründen auch immer – nicht an die Vereinbarungen gehalten werden sollte. Er hätte gewisse Chancen darauf, dass eine Mehrheit seinen Vorschlägen folgt. Drei Tage nach Amtsantritt könnte auch so mancher Polizist, Soldat oder sonstiger Beamte noch zu der Auffassung gelangen, dass er doch lieber einen anderen Job machen würde.

Schon fünf, erst recht fünfzehn, aber mit Sicherheit fünfzig Jahre später sähe es allerdings ganz anders aus. Wenn der Staat dann noch existiert, dann ist er nicht weniger stabil, sondern stabiler geworden. Und wahrscheinlich hat er seinen größten Rückhalt unter jenen, die darin wohlhabend und mächtig geworden sind, weswegen sie alles zu seiner Aufrechterhaltung tun, was möglich ist. Einerseits werden sie weiterhin den größten Teil des Wohlstands und der Macht vereinnahmen wollen, andererseits werden sie den Unzufriedenen am anderen Ende der Verteilungspyramide so viel abgeben, dass sich keine kritische Menge unter ihnen entwickelt, die den Aufstand proben könnte.

Hierarchien nehmen üblicherweise pyramidische Formen an. Pyramiden stehen nicht gut auf der Spitze.

Oben ganz wenige, unten ganz viele ist die natürliche Version. Dass wenige sehr viel mehr besitzen als die Mehrheit, das ist möglich. Das wenige sehr viel weniger besitzen als die Mehrheit, kaum, denn weniger als null geht nicht, und das – oder wenig mehr – haben sehr viele. Pleitegehen lässt sich ganz einfach. In Sekunden. Entsprechend vielen passiert es. Reichwerden ist schwierig und große Glückssache. Entsprechend wenige werden es je. Ruderboote mit acht Steuermännern, die einen, der rudert, anweisen, müssen zwangsläufig jedes Rennen verlieren, wenn es gegen Boote geht, in denen nur einer den Ton angibt, auf dessen Kommando acht andere synchron hören. Viele Köche verderben den Brei. Wer von den neun Leuten im Boot der Steuermann ist, ist sekundär. Ebenso wie es egal ist, wer beim Skatspielen die Karten mischt. Die Evolution menschlicher Autoritätsgläubig- und -hörigkeit ist ein eigenes Kapitel für sich. Entscheidender als die Neigung, der Steuermann sein zu wollen, ist dabei die Neigung, sich überhaupt in Steuermännern folgenden Strukturen einzuordnen. Hierarchische Gesellschaften mit einem gewissen Grad an Autorität, ob durch persönliches Charisma der Regierenden oder formale Machtstrukturen oder beides getragen, sind erfolgreicher als anarchistische. Sie bündeln Kräfte und harmonisieren, konzertieren und „optimieren“ ihre Abläufe mehr und mehr. Sie schaffen absoluten Wohlstand, wo sich in anderen unentwegt gestritten und gegebenenfalls bekriegt wird.

Machtpyramiden entstehen in Staatsapparat und Politik, wo Ressourcen eingezogen und umverteilt werden ebenso, wie in der Privatwirtschaft, wo sie erarbeitet werden. Im ersteren Bereich tummeln sich mehr Linke, im letzteren mehr Liberale. Im Ersteren sind die Strukturen eher unveränderlich und Beförderungen und „Erfolg" stärker von persönlichen Beziehungen zu Kollegen und Vorgesetzten abhängig, während im Letzteren gute Geschäftsideen und Glück in gewissem Rahmen zu plötzlichen Strukturveränderungen führen können.

Wer als Polizist, Soldat, Professor, Staatssekretär oder höherer Beamter eine jahrelange Ausbildung hinter sich gebracht und durch anerkannte Institutionen ausgestellte Zeugnisse und Verdienstorden angesammelt hat, der wird einem Systemstart kaum mehr zustimmen wollen. Junge Leute finden immer ausdifferenziertere Formalausbildungswege vor, die sie jahrzehntelang ihr Leben brav nach vorgegebenen Strukturen leben lassen. Wer ausschert, wird sowohl explizit von jenen bestraft, die in der Pyramide über ihm stehen, als auch indirekt – durch Reputationsverlust und Ausgrenzung – von Kollegen, die neben ihm stehen. Die Kollegen wollen im vorhandenen System nämlich einmal über ihm stehen, im Wettlauf um Beförderungen nämlich den „Längeren" ziehen, weswegen sie das System bereits jetzt unterstützen. Leuten gegenüber, mit denen man sich auf einer Hierarchieebene befindet, will man irgendwann weisungsbefugt sein, von einer höheren Ebene aus, von deren Vertretern man einstweilen noch Weisungen empfängt. Deren Weisungen befolgt man natürlich auch, weil man möchte, dass jene, die man selbst in Zukunft geben wird, ebenfalls befolgt werden.

Genau hier ist ein resilenter Sozialmechanismus verborgen, dessen Bedeutung kaum überschätzt werden kann.

Manch einer mag sich – ob gesellschaftsphilosophisch ambitioniert oder nicht – gelegentlich mit der Frage umtreiben, warum sich regelmäßig beobachten lässt, dass untere Schichten zwar viel grösser sind, ihre quantitative Macht aber nicht gegen jene wenigen ausspielen, die sich in oberen Schichten umtreiben. Eine Ursache liegt in der traurigen menschlichen Wahrheit begründet, dass „Sklaven" üblicherweise weniger davon träumen, wie es wäre frei zu sein, als davon, wie es wäre „Sklavenaufseher" zu sein – ob im übertragenen Sinne oder nicht. Sie werden mithilfe von Aufstiegshoffnungen gegeneinander ausgespielt. „Aufstieg" meint nicht absoluten Wohlstandszuwachs, sondern sozialrelativen Machtgewinn gegenüber anderen. Ein Phänomen, dass schon bei den oben dargestellten Geldexperimenten festgestellt werden konnte.

Die Stabilität einer Machtpyramide ist sehr wesentlich davon abhängig, dass untere, mittlere und sogar sehr hohe Schichten unentwegt mit Aufstiegshoffnungen angetrieben werden. Natürlich kann nicht jeder, der mal unten stand, irgendwann oben stehen, sondern wird die Erfahrung machen, dass er ab einem gewissen Niveau empfindet, was manche eine „gläserne Decke" nennen, also dass seine Karriere stagniert und für ihn Schluss mit Aufstieg ist. Je mehr er bis dahin investiert und je höher sein finanzielles Kuchenstück ist, das nun regelmäßig für ihn abgeschnitten wird, desto weniger wahrscheinlich wird er aus dem System aussteigen, ob selbst oder stellvertretend, indem er eine umstürzlerische Partei wählt. Falls die Investitionen sich vor dem Hintergrund des Erreichten als individuell nicht amortisiert erweisen, werden einige Betroffene sich wünschen, das System gar nicht erst unterstützt zu haben. Hinterher ist man immer schlauer. Auch wer beim Lotto nicht zu den Gewinnern gehört wünscht sich, dass er seinen Einsatz lieber gespart hätte.

Wohlstand sediert. Untere Schichten müssen derweil im Unklaren darüber gehalten werden, wie ungleich die Wohlstandsverteilung tatsächlich ist.

Hinzu kommt nun, dass auch eine Illusion über die Wichtigkeit von Formalbildung erzeugt wird, die schlicht „Bildung" genannt wird. So, als entspräche nur solches Wissen echter Bildung, welches von Zeugnissen zertifiziert wird. Tatsächlich werden im Formalbildungsapparat kritisches Hinterfragen und intellektuelle Freigeistigkeit vorrangig eben gerade nicht gefördert, sondern entmutigt. Pädagogen wollen sich nicht rechtfertigen, wenn sie Schülern nicht nur deskriptiv Sachinhalte erläutern, sondern an ihrer normativen Konditionierung arbeiten, analog zu ihrer eigenen Konditionierung an geisteswissenschaftlichen Fakultäten. Formalbildung bringt Schülern und Studierenden üblicherweise das bei, was sie können und fortan regelmäßig tun sollen, um dem System umso mehr Stabilität zu geben, wovon die Schichten über ihnen bestens profitieren.

Mag es in der jungen „Bundesrepublik Deutschland" also noch eine Weile um die Frage gegangen sein, ob Kapitalismus wirklich besser oder nicht doch Sozialismus der Vorzug gegeben werden sollte und ob West- oder Ostanbindung zu bevorzugen sei. Später trockneten derartige politische Grabenkämpfe nach und nach aus und gelangten „Nichtwähler" schließlich zunehmend zu der Auffassung, dass die Parteien inhaltlich eigentlich kaum mehr unterscheidbar sind. Fast sieben Jahrzehnte nach ihrer Gründung steht dieser Staat also auf einem Fundament, bis auf das kaum jemand mit ernstzunehmendem Einfluss das entstandene Gemäuer wieder runterbrechen möchte. Es wird nur noch angebaut und sich unter Berufspolitikern detailverliebt über die

Ausgestaltung winziger Mosaiksteinchen im Giebel des Dachstuhls gezankt. „Reformen“ werden immer seltener. Behauptungen, wonach echter „Reformstau“ existiere, werden, wenn nach einigen Legislaturperioden am Stück mal wieder die stimmenstärkste Regierungspartei wechselt, als leere Wahlkampffloskeln entlarvt.

Ab der oberen Mittelschicht aufwärts jemanden zur Revolution zu überreden ist aussichtslos. Dort hat man zu viel zu verlieren. Die Furcht um die erreichte bürgerliche Existenz plus die Zukunft ihrer Kinder macht erpress- und verwundbar. Ihre Angehörigen haben so viel Energie in Ausbildungs- und Lehrjahre investiert und wollen nun fette Renditen einfahren. Sie werden mit (Wohlstands-)Drogen ruhiggestellt und können über Zukunfts- beziehungsweise Verlustängste diszipliniert werden. Auch sie sind Teil des Systems geworden.

Manch einer mag sich zu Zeiten seines VWL-Studiums noch als systemkritischer „Marxist“ verstanden haben, aber kaum hatte er das Diplom in der Tasche, ergab sich plötzlich die Gelegenheit noch Steuerberater oder Wirtschaftsprüfer zu werden und nicht viel später auch noch eine Kanzlei zu übernehmen. Plötzlich mutet es ihm in der Wahlkabine gar nicht mehr so verwerflich an, sein Kreuz bei der CDU zu machen. Und dann ist er froh, dass es ein Wahlgeheimnis gibt.

II. Die Spielchen

8. Politentertainment

(Was Habitus und Rhetorik doch ausmachen)

Man hatte es ja schon früh als Kind erfahren, als man seine Eltern fragte, welcher von den Politikern, die sich der Öffentlichkeit präsentierten und um Zuspruch warben, denn nun der Beste wäre und warum, für wen sie denn stimmen und was sie glauben würden, wer gewählt werde. Und falls die Antworten auf die letzten beiden Fragen unterschiedlich ausfielen, wollte man wissen, wie das sein könne. Dann fragte man die Eltern, warum so viele Leute offenbar anderer Meinung wären als sie. Und so wurde einem vielleicht versucht zu erklären, dass eben nicht immer nur politische Inhalte entscheidend seien, wenn es um die Wählergunst gehe, sondern, dass es auch Leute gäbe, die sich ihre Lieblingspolitiker nach deren „Krawattenfarbe“ aussuchten. Das sollte bedeuten, dass viele Menschen weniger auf Inhalte von Gesprochenem achten, als darauf, wie Gesprochenes präsentiert wird. Wie bei Produkten aus der Fernsehreklame.

Was man eigentlich vorher schon wusste, wurde 2002, mit dem ersten Bundeskanzlerkandidatenduell Deutschlands nach Vorbild US-amerikanischer Präsidentschaftskandidatenduelle, restlos evident. Amtsinhaber Gerhard Schröder und Herausforderer Edmund Stoiber traten einander als Vertreter der beiden großen deutschen Volksparteien live im Fernsehen gegenüber und lieferten sich ein Rededuell mit zeitlich gleichbemessenen Redeanteilen. Ein logikfokussierter Beobachter mag sich anschließend zunächst gefreut haben, falls seine Sympathien zuvor dem Herausforderer, aber geärgert haben, falls sie dem Amtsinhaber galten. Sofern er zur selben Auffassung gelangte wie mehrheitlich das Auditorium der Experten, die einhellig erklärten, dass sich die Waagschale der sachlich substantiierteren Argumente klar zugunsten des Herausforderers neigte. Inhaltliche Experten waren aber gar nicht so gefragt. Gefragter waren Rhetorik- und Körperspracheexperten. Also solche, denen ein drastischer Rückgang an Authentizität bei stark in der Öffentlichkeit stehenden Prominenten zu verdanken ist, weil sie als Berater darauf hinwirken, dass spontane, ehrliche und ungekünstelte Sekundärelemente strategischem Kommunikationsverhalten weichen.

Bereits wenige Minuten nach Ende des ersten Fernsehduells präsentierten fieberhaft arbeitende Demoskopen Zahlen darüber, welche Eindrücke und Schlussfolgerungen beim Fernsehpublikum überwogen. Im Verhältnis von zirka zwei zu eins überwog dort die Auffassung, dass der Amtsinhaber das Duell „gewonnen" habe. Ein generelles Problem ist natürlich, dass Zuhörer und Zuschauer oftmals gar keine Kompetenz haben, um Gesprächsinhalte auf ihre Plausibilität hin einzuschätzen, sodass letztlich nur äußerliche Effekte wirken können. Aber auch intelligente und gebildete Personen sind nicht immer in streng rationalem Reflexionsmodus, sondern lassen sich gelegentlich auch einfach mal verführen. So brachte der Amtsinhaber Kriterien wie „Glaubwürdigkeit" oder „Staatsmännischkeit" in die Diskussion ein, die mit inhaltlicher Relevanz nicht zwingend zu tun haben.

Im weiteren Verlauf wurden die Ergebnisse eines entlarvenden Experiments bekannt. So hatte eine Probandengruppe die Fernsehbilder bei ausgeschaltetem Ton verfolgt, eine zweite nur den Ton gehört, ohne Bilder zu sehen, und zwei weitere hatten erst hinterher Abschriften des Gesprochenen gelesen, ohne Bilder oder Töne vernommen zu haben. Dabei wusste die dritte Gruppe, von welchem Kandidaten welche Wortbeiträge waren, die vierte aber selbst das nicht. Die Auswertung ergab, dass die erste Gruppe glasklar zum Amtsinhaber tendierte, die zweite noch etwas, die dritte hingegen schon deutlich und die vierte ganz eindeutig zum Herausforderer.

Warum Stimme, Mimik, Körpersprache, Auftreten und Charisma so entscheidend sind, können Biopsychologen mit trockener Theorie erklären. Aber wer will denen schon zuhören?! Für Frauen sind diese Komponenten noch erheblich entscheidender als für Männer, da Frauen dazu neigen, sich ja auch ihre intimen Sex-, Liebes- und Lebenspartner eher nach Persönlichkeit auszusuchen, als nach Charakter. Schon allein die Aussagen von Kindern auf Basis von Fotos darüber, wer von zwei Politikern bestimmt der bessere Anführer wäre, korrelieren erheblich mit tatsächlichen Wahlergebnissen. Sozialpsychologische Grundlagenforschung hält hier Berge an aufschlussreichen und teils bitteren Wahrheiten für den bereit, der glaubt, Teil einer hochrationalen Spezies zu sein. Dass schöne Schüler bessere Noten als hässliche bekommen ist ein Aspekt. Werden Lehrern angebliche Intelligenzquotienten von Schülern mitgegeben, passen sie ihre spätere Notengebung daran an, egal, ob die genannten Zahlen stimmten oder nicht. Derlei ist als „Halo-“ oder „Rosenthaleffekt“ bekannt.

In einer Aufzählung von Politikertricks darf der klare Hinweis darauf, wie viel sich über eigentliche Nebensächlichkeiten, Äußerlichkeiten und Ablenkungsmanöver manipulieren lässt, jedenfalls nicht fehlen. Niemandes Urteilsbildung, also auch die eigene, ist gänzlich frei vom Einfluss solcher „Spezialeffekte“, die jemanden vordergründig für kompetent halten lassen, obwohl man ihn noch gar nicht erschöpfend und nachhaltig geprüft hat. Gegen Empfindungen intuitiver Sympathie ist ohnehin niemand gefeit. Inhalte mögen sich noch und nöcher diskutieren lassen, aber in äußerlichen Faktoren stecken unbewusste Hebelkräfte von gravierendem Ausmaß.

Spitzenpolitikern mag das in ihren Anfangszeiten noch nicht in vollem Umfang klar gewesen sein, als sie voller Idealismus auf Treffen und zu Stammtischen von Jugend- und Kreisparteiveranstaltungen gingen, um mitzudiskutieren. Aber irgendwann werden sie von Beratern beiseitegenommen und in diverse Manipulationsgeheimnisse eingeführt, wenngleich es letztlich offene Geheimnisse sind. Angela Merkel wird geradezu als Paradebeispiel angeführt, wenn es darum geht, wie sich beobachten lässt, dass Politiker ihren Kleidungsstil und ihre Frisur nicht sukzessive und graduell, sondern eher mit frappierender Plötzlichkeit verändern, gerade wenn sie sich erstmals in einem absoluten Spitzenamt wiederfinden.

Rhetorik ist noch mal ein Thema für sich. Rhetorik kann keine Fakten verändern, aber Menschen sind anfällig dafür, sich rhetorisch um den Finger wickeln zu lassen. Je rationaler und je mehr jemand mit wissenschaftlichen Methoden vertraut ist, desto besser kann er

Fakten von Behauptungen unterscheiden. Aber um jene Wähler, die die Manipulationen nicht erkennen, wird konkurriert, denn auf ihre Urteilsbildung lässt sich einwirken. Wenn Stimmen gleich viel wert sind, lohnt es sich wesentlich mehr, um jene zu kämpfen, die einfacher zu bekommen sind.

9. Versprechen, versprechen, versprechen

(Wähler sind vergesslich)

Im Jahre 1990 gab es ein seltenes politisches Experiment. Oskar Lafontaine, dessen Wahlkampf leider von einem entsetzlichen Messerattentat überschattet wurde, das ihn um ein Haar das Leben gekostet hätte, versuchte das Bundeskanzleramt zu erobern, indem er es mit ehrlichen und komplett unpopulären Wahlkampfansagen versuchte. Dreizehn Monate vor der Wahl war er in aussichtsreicher Position unangenehm davon überrascht worden, dass die Berliner Mauer gefallen war, Ostdeutschland in Windeseile der Bundesrepublik beitrat und zu rund dreiundsechzig Millionen Einwohnern rund siebzehn Millionen Neubürger hinzukamen, die ein dramatisches Konsumdefizit hatten. Die politischen Verhältnisse wurden gehörig durcheinandergeschüttelt. Wohlstandshunger trieb die neuen Wähler in die Arme der CDU, der erfolgreichsten Partei der bundesrepublikanischen Geschichte. Eine linksgeführte Regierung erschien nach vier Jahrzehnten Realsozialismus nicht sonderlich verlockend. Hinzu kam, dass die SPD das vorhandene Linkswählerpotential des Ostens nicht so vereinnahmen konnte, wie die CDU es mit rechten und konservativismusaffinen Milieus tat. Ostdeutsche wählten in einem Maße die SED-Nachfolgepartei PDS, wie kaum jemand es vermutet hätte.

Oskar Lafontaine hatte offenbar beschlossen, dass „entwaffnende" Ehrlichkeit die vielversprechendste Strategie sei, mit der er es noch versuchen könnte. Er log den Bürgern nicht „das Blaue vom Himmel" herunter. Er machte niemandem den Mund wässrig und versprach nicht, dass Milch und Honig durch Straßen fließen würden. Stattdessen kündigte er unmissverständlich an, dass erhebliche Steuererhöhungen notwendig sein würden, um die immensen anstehenden Ausgaben für Infrastrukturmaßnahmen, Investitionshilfen und unzählige Subventionen zu bezahlen, die nötig wären, um die Wirtschaft Ostdeutschlands anzukurbeln.

Aufseiten der CDU schloss man Steuererhöhungen vollmundig aus. Ein in der Folgezeit sicherlich millionenfach zitierter Ausspruch Helmut Kohls besagte, dass es niemandem schlechter als zuvor gehen werde, aber vielen besser. Das sollte sich als falsch erweisen. Bald ging es einer Menge Leute schlechter. Und sogar solche, die nun absolut mehr als vorher hatten, fühlten sich zurückgesetzt, denn die Wohlstandsschere ging in einer vormals egalitären Gesellschaft in empfindlicher Weise auf. Natürlich hatten einige Ostdeutsche mehr Glück als andere und wurden schnell reich. Wer miterleben musste, dass einige sich alle Träume vom Westen zügig erfüllen konnten, der fühlte sich auf der Strecke zurückgelassen. Die CDU-Politiker Wolfgang Schäuble und Heiner Geißler gaben später zu, dass man sich im inneren Machtzirkel der CDU ganz bewusst zum Lügen entschieden hatte, weil in der wichtigen Nachkriegsphase Europas, insbesondere Deutschlands, fast jedes Mittel recht war, um die Geschichtsschreibung und -gestaltung nicht dem politischen Gegner zu überlassen. Man wollte die erste gesamtdeutsche Bundestagswahl um jeden Preis gewinnen, also auch den, das Wahlvolk anzulügen.

Eine historische Ungerechtigkeit?

Wahlversprechen sind nicht einklagbar! Wahlversprechen lassen sich zudem immer nachträglich mit Verweis darauf scheinbar relativieren, dass gewisse unerwartete Veränderungen von Rahmenbedingungen eingetreten seien, die nun verantwortungsbewussterweise einstweilen andere Entscheidungen nahegelegt hätten als versprochen. Das ist die Mutter aller Politikerausreden. Wie sähen Wahlkämpfe wohl aus, wenn für Wahlversprechen persönlich gehaftet werden müsste – schlimmstenfalls mit Gefängnisaufenthalt?

Spätestens dann, wenn alle im Aufmerksamkeitsspotlight vertretenen Parteien sich in einer gegenseitigen Versprechensüberbietungsspirale befinden, erscheint auch kaum noch eine moralische Instanz ernsthaft eine grassierende Unehrlichkeit anprangern zu können. Es gibt ja niemanden, der noch nicht gelogen hätte. Aber Notlügen seien ja erlaubt, heißt es oft. Ab wann aber eine Not besteht und ob überhaupt eine besteht, darüber lässt sich trefflich streiten. Gerade wenn zwei Ideologen miteinander um Deutungshoheit ringen, scheint ja aus beider Sicht äußerste Vorsicht geboten, denn der ideologische Gegner könnte ja seine Wahrheitsauffassungen durchsetzen. Hinterher lässt eine Lüge sich immer als Notlüge darstellen. Lügner finden regelmäßig Wege, kognitive Dissonanz zu umschiffen. Das Rad der Zeit lässt sich nicht zurückdrehen. Fakten wurden geschaffen, mit der Macht, die man hatte, bis man sie wieder verliert, selbst wenn sie unlauter ergaunert worden ist. Kinder lernen, dass sie wieder hergeben müssen, was sie sich unredlich erschlichen haben. Aber in Sachen Macht über eine Menge an Menschen funktioniert das leider nicht. Wer soll geschaffene Realitäten wieder hergeben? Wie viele Bürger sollen im Vertrauen auf Verlässlichkeit Erarbeitetes wieder rausrücken? Nein. Was zwischenzeitlich passiert ist, lässt sich nicht ungeschehen machen, auch wenn es für den Verlauf der Zukunft und somit für alle Zeiten von massiver Bedeutung ist. „Wer bremst, verliert“ heißt es doch. Ja, und wer nicht lügt, verliert große politische Wahlen, wie Lafontaine schmerzlich erfahren haben dürfte.

Bei der Bundestagswahl 1994 war zu erleben, dass die CDU mitnichten für ihre Lügen abgestraft wurde. Sie gewann derart hoch, dass es ganz bestimmt nicht nur am diesmaligen Kanzlerkandidaten der SPD gelegen haben kann. Neben den vielen Verlierern auf der einen gab es also doch genug Gewinner der vergangenen vier Jahre auf der anderen, die eine Fortsetzung wollten. Oder, im schlimmeren Fall, mehr Verlierer, die aber nicht erkannt haben, dass ihr Verlust von denen zu verantworten ist, die sie gewählt haben.

Lügen betreffen ja gerade im Wahlkampf seltener vergangene Ereignisse, als vielmehr Zukunftsszenarien, die Wählern gezeichnet werden, deren Eintritt in Wahrheit aber eben nicht zu erwarten ist. Wer Wähler anlügt, der versucht sich eine illegitime Vertretungsvollmacht zu erschleichen, die bei Kenntnis der Wahrheit nicht erteilt würde. Große Parteien können wirklich froh sein, dass Wahlbetrug kein Straftatbestand ist. Mittels Lügen werden Menschen dazu gebracht sich anders zu verhalten, als sie es bei Kenntnis der Wahrheit täten. Sie werden somit zu Marionetten von Lügnern gemacht. Lüge begründet Ausbeutung – nicht nur von Vertrauen.

Für den, der eine Lüge anbringt, ist sie geeignet, ihm einstweilen über ein individuelles Problem der Gegenwart hinwegzuhelfen: gewählt zu werden, etwas genehmigt zu bekommen, etwas durchzusetzen. Um dies zu verhindern muss der politische Gegner oft mit einer Lüge kontern, die aus seiner Sicht hoffentlich überzeugender ist. So kommen zwei oder mehr Parteien schnell in ein sogenanntes „Armsrace“. Sie überbieten einander unentwegt. Irgendwann lügen alle, die Lügen werden immer dreister und irgendwann haben alle so oft gelogen, dass die moralische Hemmschwelle, noch weiter zu lügen, kaum mehr vorhanden ist. Ein Mörder wird mit einem zweiten Mord ja auch nicht zu einer doppelt so verwerflichen Person, wie er es nach dem ersten war, sondern er zeigt lediglich ein zweites Mal, wie verwerflich und verkommen sein Charakter ist. So gesehen scheint die zweite nach einer ersten Wahlkampflüge schon bei weitem nicht mehr so tragisch wie die erste. Also immer munter weiter damit. Manchmal ist die Verweildauer an der Spitze ohnehin so kurz, dass ein Politiker die „Quittung“ für seine Lügen niemals bekommen wird. Natürlich versucht ein Politiker also erst einmal alles Mögliche, um gewählt zu werden. Und sobald er es ist, kann er handeln und gestalten, um die Gunst der Wähler werben und vermitteln, dass es kein Fehler gewesen sei, ihn zu wählen, wenn er auch nicht alles einhalten konnte. Vielleicht gewöhnen die Wähler sich so sehr an ihn, dass er zur Institution wird. Zur „Mutter der Nation“ oder Ähnlichem. Dann werden ihm Lügen nicht nur verziehen, sondern sie werden verziehen und vergessen. Wer erinnert sich in vier oder fünf Jahren schon an jedes gesprochene Detail?! Aber an die Emotionen, die jemand ausgelöst hat, wird sich immer erinnert. Wenn sich später umgekehrt daran zu erinnern versucht wird, was jemand sagte, dann wird es aus den in der Erinnerung abgelegten Emotionen wieder hergeleitet. Das muss dem wirklich Gesagten kaum mehr ähneln. Dass Menschen sich ihre Erinnerungen recht flexibel zusammenbasteln, ist längst wissenschaftlich bewiesen.

Wahlkämpfende Politiker befinden sich miteinander in dem, was Spieltheoretiker ein „Nashgleichgewicht" nennen. Wenn einer von beiden seine Strategie ändert, dann verliert er, weil er zurückfällt. Nicht jeder, der Versprechungen macht, wird gewählt, aber wer nichts verspricht, wird auch nicht gewählt.

Wenn ich es nicht mache, dann macht es ein anderer. Damit glaubt ja jedermann nur zu oft, moralisch halbseidene Handlungen rechtfertigen zu können. Als wäre es besser, wenn sie es machen, als wenn andere es machen und man deshalb froh sein sollte, dass sie jenen zuvorgekommen sind.

10. Unersetzlich machen und Unverzichtbarkeitsillusionen schüren

(Wähler sind zu blöd für Volksentscheide)

Man soll aufhören, wenn es am schönsten ist. Mit dieser Weisheit werden am häufigsten Spitzensportler zitiert. Nicht nur der erste, sondern auch der letzte Eindruck zählt besonders. Und wer möchte schon, dass Bilder von ihm in Erinnerung bleiben, wie er von einem Jungstar vorgeführt wird, weil er nicht rechtzeitig das empfindliche Abschmelzen seiner Leistungsfähigkeit erkannt hat?! Daher treten wenige reflektierte Superstars sogar schon mal ein oder zwei Jahre früher als nötig vom Leistungssport zurück – schon im Herbst statt im Winter der Karriere, wenn noch ein (vor-)letztes Mal ein großer Titel gewonnen werden konnte.

Auf inhabergeführte Wirtschaftsunternehmen ist das schwerlich übertragbar. Auf Politik noch weniger. Erfolgreiche Sportler feiern nach getaner Arbeit mit einem Pokal in der Hand und können am nächsten Tag in Urlaub fahren. Erfolgreiche Politiker feiern am Ende eines Wahlkampfes, falls sie gewonnen haben, aber am nächsten Tag geht die eigentliche Arbeit erst richtig los.

Den rechtzeitigen Absprung durch freiwilligen Rückzug schaffen die wenigsten Spitzenpolitiker.

Je länger jemand als charismatischer Anführer dominierend an der Spitze einer Organisation steht, desto länger wird sein Schatten und schwieriger lässt sich ausmalen, wie denn die Zeit nach ihm aussehen könnte. Außenstehende können den Eindruck bekommen, dass niemand von „Format" in Sicht sei, der seinen Job machen, die Verantwortung übernehmen, eine gute Führungspersönlichkeit darstellen und ihn halbwegs adäquat ersetzen würde. Dann ist schon mal die Rede von einem vermeintlichen „Nachwuchsproblem" und davon, dass es keinen sich aufdrängenden „Kronprinz" gäbe.

Als exemplarisch kann hier der Abtritt von Helmut Kohl gelten. Seinerzeit sahen viele zeitgenössische Beobachter ein Vakuum. Das gab es. Aber nicht unbedingt deshalb, weil zu wenige geeignete Nachfolger vorhanden gewesen wären, sondern eher deshalb, weil es zu viele waren. Zu viele, die sich gegenseitig faktisch mattsetzten – nicht zuletzt aufgrund eines expliziten Nichtangriffspakts untereinander. Der „Andenpakt" verband mehrere ehrgeizige Männer im besten Alter für den finalen Karriereschritt an die Spitze der Bundespolitik. Die meisten von ihnen waren erfolgreiche Ministerpräsidenten. In für die Bundespartei bedauerlicher Weise dauerte es eine ganze Legislaturperiode bis sich die Waagschale der Macht zugunsten Edmond Stoibers neigte, der als CSU-Mitglied eine gewisse Sonderstellung innehatte. Als bayrischer Provinzfürst wurde von ihm erwartet, dass er sich regelmäßig ganz bewusst gegenüber der Schwesterpartei profiliert und aggressive Ansagen nach Berlin richtet. Die übrigen Andenpaktierer saßen im sprichwörtlichen „Heißluftballon". Bis sich nach dem Scheitern Edmund Stoibers als Bundeskanzlerkandidat schließlich Angela Merkel so stabil positioniert hatte, dass ihr die Rolle des Kohlnachfolgers zufiel.

Eine Partei mit sechsstelliger Mitgliederstärke hat nie ein Nachwuchsproblem. Aber sie führt scharfe interne Machtkämpfe. Und dazu gehört nicht nur, dass geeignete Kandidaten sich im Malefizspiel üben und einander Steine in den Weg legen. Dazu gehört auch, dass ein Amtsinhaber sich keine „Königsmörder" heranzieht. Wenn für die Öffentlichkeit also keine Person erkennbar ist, deren Persönlichkeit eine Alternative darstellen könnte, dann deshalb, weil solchen Figuren parteiintern der Aufstieg verweigert wurde. Konkurrenten und Neider sabotieren da schon mal gern. Es gibt mitnichten immer eine Selektion auf Individuen mit herausragenden sachlichen Fähigkeiten, sondern nur allzu oft werden gerade sie von einer Allianz mittelmäßiger Feinde verhindert und Opfer von Intrigen. Das ist ein wichtiges

Element nicht nur, aber besonders von Politik. Helmut Kohl hatte es tatsächlich zu Lebzeiten bis zum „Denkmal“ seiner Partei gebracht, weswegen es wohl niemand gewagt hätte zu seinem Königsmörder zu werden. Er hatte echte Kronprinzen, aber zu viele gleichzeitig.

Vom Wahlvolk abgewählt zu werden mag für viele noch das kleinere Übel sein, verglichen damit, innerhalb der eigenen Partei in Konkurrenzkämpfen zu unterliegen oder sich doch nicht bis ganz an die Spitze durchgesetzt zu haben. Weisheiten, wonach der „Parteifreund“ eine größere Gefahr darstelle als ein politischer Gegner, haben etwas für sich.

Es bis an die Spitze einer mehrere Hunderttausend Mitglieder starken politischen Partei zu schaffen, heimst im Außenverhältnis meist Respekt ein. Obwohl es doch eher massives Misstrauen hervorrufen sollte. Im Karrierewettlauf wird mit so harten Bandagen gekämpft, dass es kaum möglich ist ganz nach oben gespült zu werden, ohne im Endeffekt Leichen im Keller gestapelt zu haben und nachtragende Verlierer hinterlassen zu haben, die auf ihre Gelegenheit zur Rache lauern. Wer ganz oben landet ist auf jeden Fall gut. Gut darin andere abzusägen, mundtot zu machen, ihnen Schwarze Peter unterzuschieben und sie in Abhängigkeitsverhältnisse zu verstricken. So steigt man auf.

Wer sich nicht von Charisma und Autorität beeindrucken lässt oder keine Lust hat sich „unterzuordnen“, über den gilt es Macht zu gewinnen, damit man ihn „in der Hand hat" und Druck auf ihn ausüben kann. Unabhängigkeit ist schön. Wenn sie einen selbst betrifft. Absolute Unabhängigkeit anderer ist allerdings gefährlich, weil die dann tun und lassen, was sie möchten. Wenn man sie in eine Abhängigkeit bringen kann, dann tun und lassen sie schon eher das, was man selbst möchte. Je häufiger allerdings Zwang auf andere ausgeübt wird, desto wahrscheinlicher ist es, dass sie einem hinterrücks schaden. Besser man tut ihnen einen großen Gefallen, falls und wenn möglich, und erinnert sie zu gegebener Zeit daran, dass sie einem ebenfalls noch etwas schulden. Selbst verteilt man derweil Unmengen an Versprechungen. So verstrickt man sich mehr und mehr in einem mafiösen Netz aus gegenseitigen moralischen Schulden, mit Drei- und Mehrecksverhältnissen. Dem einen oder anderen müssten seine Schulden irgendwann um die Ohren fliegen, wie ein ausschweifend geführtes Finanzkonto, wenn Verpflichtungen aus Versprechungen und geschuldeten Gefallen nicht mehr rückzahlbar sind. Aber gut, wenn er seine Macht dann bereits so ausgebaut und seine Versorgungsansprüche so in trockene Tücher gebracht hat, dass ihm jene, die er brutal enttäuschen muss oder die nicht mehr von Nutzen für ihn sind, nicht mehr gefährlich werden können.

Das eigene Schicksal fest an das eines erfolgreichen innerparteilichen Feindes zu knüpfen, sodass ihr Schicksal auch das eigene ist und umgekehrt, kann sich ebenfalls als clever erweisen. Denn so, wie Feinde einander seilschaftlich helfen, retten sie sich auch gegenseitig vor dem Untergang, wenn auch ihr eigener Absturz droht, da man im selben Boot sitzt.

Mit zu vielen Feinden gleichzeitig kann es freilich niemand aufnehmen. An der Parteibasis sollte besser echte Wertschätzung genossen werden. Wofür auch immer. Solange dort geglaubt wird, dass es keine Alternative zu einem gäbe und man unverzichtbar sei, steht die eigene Macht auf stabilen Füßen.

Von alledem merkt der fernsehschauende und zeitunglesende Medienkonsument und Wähler so gut wie nichts. Die geballten Fäuste in der Tasche, wenn zwei Politiker derselben Partei einander Lob zuschustern, sieht er nicht. Er sollte sich aber nicht einlullen lassen. Auch nicht von regelmäßigen chronisch wohlwollendenden Artikeln der immerselben Journalisten, deren Mikrofone regelmäßigen Zugang zur Machtspitze genießen, die Politiker überhöhen und irgendetwas von Unersetzlichkeit schreiben. Die Nutzung von Medien sollte allein deshalb ebenso diversifiziert sein wie ein Kapitalanlageportfolio.

Unersetzlich ist niemand. Schon so mancher „Topmanager" soll erst so richtig schwere Depressionen bekommen haben, nachdem er aus einem zweiwöchigen Urlaub zurückgekommen ist. Sein Kardiologe hatte ihm geraten, wirklich mal komplett abzuschalten. Doch bei seiner Rückkehr stellt er fest, dass er von keiner Menschenseele vermisst wurde und alle Abläufe auch ohne ihn effektiv vonstattengingen. Fiel ihm doch schon früher das Delegieren schwer und dachte er, dass er alle wichtigen Dinge selbst machen müsse. Selbst nach einem Terroranschlag, bei dem eine halbe „Finanzelite" mit fast kompletten Absolventenjahrgängen renommiertester Businessschools ausgelöscht wird, steht ein System nicht plötzlich in Ermangelung kompetenter Entscheider still. Die Leute werden einfach ersetzt, von anderen Leuten, die eine Reihe dahinter standen, aber gar nicht so viel schlechter sind. Es gibt nicht absolut fähige und absolut unfähige Leute, sondern lediglich überwiegend mittelmäßig kompetente Leute. Für jemanden der viele Entscheidungen trifft und Dinge beeinflusst ist ein narzisstischer Glaube an die eigene Unersetzlichkeit nicht fern. Dass aber andere an sie glauben ist für ihre Macht noch viel existenzieller. Einige Manager machen nur deshalb bewusst keinen Urlaub, damit andere nicht merken, dass sie eigentlich abkömmlich sind. Was andere glauben ist oft wichtiger als das, was man selbst glaubt.

Natürlich sollen Bürger nicht glauben, dass mehr „direkte Demokratie", also insbesondere Volksentscheide, bessere Ergebnisse herbeiführen würden. Politiker wollen selbst entscheiden und vermeiden, dass tatsächliche in der Wählerschaft vorhandene Stimmungsbilder zu

Einzelthemen transparent werden. Deshalb feilen sie nicht nur fortwährend an der Verbreitung des Glaubens, dass sie besonderes Wissen und besondere Fähigkeiten zum Entscheiden hätten, sondern auch an der spaltenden Angst der Bürger voreinander. Wer sich vor der vermeintlichen Entscheidungsunfähigkeit seiner Nachbarn, Vereinskollegen oder Stammtischkumpanen und deren Dummheit fürchtet, der lässt lieber einen Politiker repräsentativ für sich entscheiden. Besser der eine entscheidet, als dass andere über ihn entscheiden.

Absurd muss es derweil anmuten, dass es in einer repräsentativen Demokratie ohnehin nur dann zu Volksentscheiden kommen kann, wenn Politiker das für richtig halten. Wenn also Mehrheiten von Parlamentariern sich darauf einigen, dass sie alle einen Großteil ihrer Macht abgeben sollten. Ein hochgradiger Widerspruch in sich. Deshalb lässt sich fast immer beobachten, wie sich alle politischen Lager darin einig sind, dass es nicht sinnvoll ist, Machtanteile abzugeben. Also halten alle den Glauben aufrecht, dass man sie dringend brauche, weil nur eine Minderheit der Wähler ausreichend fachkompetent sei.

11. Spalten

(Isolation verhindern, Feinde aufeinanderhetzen, Allianzen zerschlagen)

Wie kann es eigentlich sein, dass ein paar Dutzend Menschen so vermögend sind wie die komplette ärmste Hälfte der Weltbevölkerung? Warum erheben sich fast vier Milliarden Menschen nicht von einem auf den anderen Tag und stellen die Arbeit ein, deren Früchte bislang in die Speckmäntel der Eliten flossen?

Es lässt sich immer wieder staunend rätseln, wie es relativ kleine Eliten schaffen, große Menschenmengen zu kontrollieren. Muss es nicht unglaublich erscheinen, wenn Staaten wie etwa die DDR, deren Machthaber ihre Bevölkerung einsperrten und fast lückenlos bespitzelten, sich mehrere Jahrzehnte halten können? Natürlich hätten sie nichts ausrichten können, wenn siebzehn Millionen Staatsbürger alle zur selben Zeit zum selben Grenzübergang marschiert wären und ihn einfach überquert hätten. So ähnlich ist es an jenem neunten November dann ja auch passiert, wenngleich keine Millionen notwendig waren, sondern bereits ein paar tausend Leute ausreichten. Wo Massen gemeinsam auf die Straße gehen und marschieren kann die Macht eines ganzen Staatsapparats plötzlich zerbröseln. Je größer die Masse, desto unwahrscheinlicher kommt es überhaupt zu Kampfhandlungen. Deshalb ist es bei Putschversuchen und Revolutionen so wichtig, dass „alle" gleichzeitig kommen und nicht die einen diesen, die anderen aber erst am nächsten Montag, sodass Aufstände beide Male niedergeschlagen werden können.

Genau deshalb setzen Regierungen totalitär regierter Staaten alles daran, dass ihre Bürger sich nicht untereinander abstimmen, verabreden und versammeln können. Um dies zu hintertreiben, säen sie Misstrauen und spielen Menschen gegeneinander aus. Solange nämlich keine Abstimmung stattfindet, solange stehen alle Opponenten unverbunden für sich alleine. Wer sich aus der Deckung wagt, etwa, weil er aktiv versucht Verbündete zusammenzutrommeln, kann schnell drakonisch sanktioniert werden, mit für andere abschreckender Wirkung. Im Kalifat hängt man dafür die Leute gerne mal auf.

Ein Mittel, um Versammlung, Verbündung, Informationsaustausch, Koordinierung und die Entstehung kooperativer Strukturen zu verhindern, ist es, Anreize zum „Verrat" zu setzen. Wer andere verpfeift, hat die Aussicht selbst Teil der herrschenden Elite zu werden. So ähnlich funktionieren „Kronzeugenregelungen".

Gegen Eliten haben Menschen nämlich nur dann etwas, wenn und solange sie sich nicht zugehörig fühlen. Das ist wie mit dem Eintritt zu einer angesagten Diskothek, gegen deren Einlassregeln von jenen polemisiert wird, die nicht reinkommen, aber die jene völlig gerechtfertigt finden, die drin sind. Marketingfachleute kennen all diese Schwächen von Menschen, weswegen es Gold- und Platinummitgliedskarten für allen möglichen Unsinn gibt. Letztlich will doch jeder zu einer privilegierten Schicht von „Steuermännern" gehören. So können auch riesige Mehrheiten und ganze Völker von Minderheiten in Schach gehalten werden, wie sich anhand praktischer Beispiele aus der Geschichte nachvollziehen lässt.

Um Kontrolle auszuüben muss von einer Elite noch nicht einmal die Gewalt über Militär und tödliche Waffen besessen werden. Die Kontrolle über Informationskanäle, darüber, was gesendet wird und wer sich wo und wie lange zu Wort melden darf, kann schon reichen. Auf Basis ihrer Informationen bilden Menschen sich ihre Meinungen und Urteile. Und welches Wissen Menschen erlangen, kann gesteuert werden. Man schaffe daher Meinungs- und Pressefreiheiten ab. Noch besser allerdings, als Pressefreiheit abzuschaffen, kann es derweil sein, einfach die Macht über die meistkonsumierten Medien einer Gesellschaft zu erlangen und dort seine eigenen Deutungen, Behauptungen und gegebenenfalls „Fake News" zu verbreiten. Übrigens konsultiert der

Durchschnittsinternetbenutzer laut einer Umfrage im Schnitt nur sieben verschiedene Informationsportale.

Entsprechend kann, wer an wichtigen Schaltstellen sitzt, Verhalten auch von großen Menschenmassen nach Belieben justieren, indem Informationen zensiert und selektiv ausgewählt werden. Gerade wer frühkindliche Bildung und „Erziehung“ kontrolliert – beispielsweise in konfessionellen Kindergärten – kann Gehirne tatsächlich waschen, programmieren und für eine so nachhaltige irrationale „Verdrahtung“ sorgen, dass Menschen sich von bestimmten Dingen, an die sie einmal glauben, nie wieder richtig lösen können. Ein Gedanke, der übrigens bei Integrationsbemühungen eine nicht zu unterschätzende Bedeutung haben kann.

Brot, Spiele, Religion und Sex! Machthaber wissen, dass sich ihr unmittelbarer Unterbau, die „Führungskräfte“, am besten mit Wohlstand zufriedenstellen lässt. Fette Bäuche sind unkritisch und interessiert an Stabilität und Fortbestand des gegenwärtigen Systems. Die Unzufriedenheit hungriger Bäuche lässt sich mit geschickter Propaganda sogar noch für eigene Zwecke einspannen. Religion schürt Ängste vor Sünde und Verdammnis sowie Illusionen unentwegter Beobachtung durch einen „Big Brother“. „Spiele“ sorgen für Abwechslung, Zerstreuung und einen gewissen Nervenkitzel – Fußball, Lotto, Talk- und Unterhaltungsshows, Klatsch und

Tratsch. Gerade Letzteres ist wichtig, denn es bringt ungeordnete Fakten in noch größere Unordnung bis hin zur Verkehrung, sorgt für kollektive Meinungsgleichschaltung, bietet eine Ventilfunktion für Frustrationen, kanalisiert Wut auf Minderheiten und lässt Gruppen sich auf Sündenböcke einigen. Fehlt nur noch die „passende“ Sexualmoral. Mit Kirchenoberhäuptern haben Machthaber sich schon immer gut verstanden.

An der Spitze von Demokratien stehen keine Diktatoren und Despoten, sondern gewählte Regierungsoberhäupter. Wer gewählt ist, dessen Macht scheint einerseits kleiner als die eines Despoten, denn er kann nach Ablauf der Legislaturperiode abgewählt werden, wenn nicht gefällt, was er tut. Andererseits muss er sich, weil er von einer Wählermehrheit gewählt ist und somit Unterstützer hat, weniger vor Revolution und Guillotine fürchten als jemand, dessen Macht auf Autorität und gegebenenfalls beträchtlicher körperlicher Gewalt fußt. Weil er von der Gunst anderer abhängig ist, verhält sich ein gewählter Politiker machtopportunistisch, indem er Manipulationstechniken anwendet. Um potenzielle und tatsächliche Gegner klein zu machen, beziehungsweise zu halten, gehört erfolgreiches Spalten dabei zum wichtigsten Handwerk.

Um mit akkumulierter Macht kooperativ nach innen und aggressiv nach außen gemeinsame Interessen durchsetzen zu können, schließen sich Menschen auch mit einander widersprechenden Interessen als Verbündete zusammen. Auch eigentliche oder einstmalige Feinde können so temporär zu Verbündeten werden, wenn ein gemeinsames Ziel sie zusammenschweißt. Sobald ein Feind aber besiegt oder ein Zweck erreicht ist, wird der Fokus auf das nächstwichtigste Interesse gelenkt und vormalige Gruppen zerfallen in kleinere Gruppen. Vermutlich würde erst dann der Weltfrieden ausbrechen, wenn Außerirdische die Menschheit angriffen, denn dann würden sich alle verbünden und die Konflikte, die sie miteinander austragen, schlagartig zur Ruhe kommen.

Gruppenanführer sind also stets darauf bedacht, Gruppenmitgliedern ihre gemeinsamen Interessen zu verdeutlichen und an die Gruppensolidarität zu appellieren, damit sie weiterhin in dieselbe Richtung rudern. Gleichzeitig aber sind sie bestrebt, unter den Mitgliedern einer gegnerischen Gruppe Zweifel darüber zu sähen, ob sie sich der richtigen Gruppe angeschlossen haben, ob sie überhaupt für die richtige Sache kämpfen und inwieweit ihre Kameraden tatsächlich Gleichgesinnte sind. Moraluntergrabung aufseiten der Gegner ist immer ein Thema: So spielt man sie beispielsweise gegeneinander aus, bringt gegeneinander auf, untergräbt ihre Kräfte, so dass sie sich nur untereinander bekämpfen und so von ihren Gemeinsamkeiten abgelenkt werden. In der Politik wird diese Taktik nicht nur in Hinblick auf andere politische Parteien angewendet, sondern natürlich auf auch das Wahlvolk sowie Konkurrenten innerhalb der eigenen Partei, die einem gefährlich werden könnten.

Ein versierter Politiker wird versuchen zu verhindern, dass seine Widersacher voneinander erfahren, einander begegnen, sich miteinander austauschen, entdecken könnten, dass sie einander näherstehen als ihm und schlimmstenfalls Allianzen gegen ihn schmieden. Transparenz, kurze Wege und direkte Kommunikation sind ihm ein Gräuel. Dass sich „gefährliche" Mehrheiten gegen ihn konstituieren könnten, die sich in einer Diktatur mit Waffen in Schach halten ließen, ist in einer Demokratie die größte individuelle Gefahr für einen machtorientierten Politiker. Er ist immer daran interessiert, dass Kommunikation über ihn läuft, damit er Inhalte nach eigenem Gutdünken modifizieren und steuern kann. So kann er jedem Kollegen eine eigene Version darüber erzählen, was Dritte angeblich über ihn glauben, anstatt dass sie direkt miteinander und schlimmstenfalls über ihn reden. Es gilt potenzielle Verbündete in den Glauben zu bringen, dass sie einander Böses wollten und zu verhindern, dass sie sich ihrerseits über die Schwächen austauschen, die er selbst verkörpert. So erreicht man das Ziel, Personen mit gleichen Interessen füreinander wie Widersacher aussehen zu lassen.

Je größer eine Gruppe ist, je höher der eigene Rang in der Hierarchie und der Bekanntheitsgrad der eigenen Person, desto besser lässt sich spalten. Je größer die Gruppe, desto unwahrscheinlicher kommen nämlich tatsächlich mal alle gleichzeitig zu einem klärenden Gespräch zusammen und desto schwerer lassen sich einmal gesäte Gerüchte einhegen und Misstrauen wieder ausräumen. Und je größer die eigene Bekanntheit, desto mehr Aufmerksamkeit von desto mehr Gruppenmitgliedern hat man, denen man seine Versionen glaubhaft „verkaufen" kann. Aufmerksamkeit ist eine besondere Form von Kapital. Insofern ist auch die Mär, Bundeskanzler Kohl habe sich an den illegalen Parteispenden nicht persönlich bereichert, ein dreister Versuch der Entschuldigung eines ja in jedem Fall strafbaren Verhaltens. Man braucht sich nur die Maslowsche Bedürfnispyramide anzuschauen. Dort steht die Macht als Teil sozialer Bedürfnisse über dem Materiellen.

Nicht nur in Diktaturen gibt es also „schweigende Mehrheiten", deren Mitglieder nichts voneinander und davon wissen, dass sie eigentlich in der Überzahl sind. Grundsätzlich steht niemand gerne aufseiten der Minderheit, droht man doch irgendwann ganz alleine dazustehen, wenn nach und nach auch noch alle Opportunisten von der eigenen zur Gegenseite wechseln. Wenn man nicht frühzeitig selbst zum Opportunisten wird, dann ist man bald isoliert. Ein schönes Beispiel dafür waren die sogenannten Wendehälse bei der Revolution 1989. Und wenn einem kein guter Grund für seinen Seitenwechsel einfällt, dann verliert man in den Augen anderer erheblich an Glaubwürdigkeit und Verlässlichkeit, also wertvoller Reputation. Schweigende Mehrheiten verkörpern nicht selten eine „Schweigespirale“. Die kann entstehen, wenn Menschen entweder aus Frustrationserfahrungen oder aus Angst vor ablehnenden Reaktionen ihre wahre Meinung verschweigen. Wenn sich zu Beginn einer Diskussion Argumente für eine Position unausgewogen häufen, die zudem noch von charismatischen oder dominanten Teilnehmern vorgebracht werden, dann kann es passieren, dass Vertreter anderer Meinungen den Eindruck bekommen, dass sie in der Minderheit seien. Aus Furcht vor Ausgrenzung, Isolation und finanziellen Konsequenzen nehmen sie keine Gegenposition ein.

Dem ähnlich, aber noch perfider, ist das „Abilene-Paradox“. In Gesellschaft versuchen Menschen sich nicht wie sprichwörtlich rücksichtslose Elefanten im Porzellanladen zu verhalten, sondern an Gefühle und Bedürfnisse anderer anzupassen und dominante Erwartungen, Moralauffassungen, übliche Umgangsformen und lokalkulturelle Gepflogenheiten aller Art nicht zu brüskieren. Dies kann zu der grotesken Situation führen, dass sich in einer neugebildeten Gruppe alle Individuen unausgesprochen nach bestimmten Regeln verhalten, von denen jedes glaubt, dass die anderen sie voraussetzen würden, obwohl tatsächlich niemand unter ihnen ist, dem sie etwas bedeuten. So lässt sich etwa eine Gruppe Atheisten bei einem Abendessen vorstellen, von denen aus reiner Rücksichtnahme niemand Schweine-, Rindfleisch oder Alkohol bestellt, weil sie alle glauben, dass sie die religiösen Gefühle anderer Anwesender verletzen könnten. Auch ist denkbar, dass alle Teilnehmer eines Geschäftsmeetings herausgeputzt und in schicken Anzügen erscheinen, obwohl sie das alle insgeheim affig finden und sich in Hawaiihemden und Flipflops wohler fühlen würden.

So kann eine kleine Gruppe gewollt oder ungewollt eine große dominieren. Bricht allerdings jemand das Schweigen, so ist die Hemmschwelle für die zweite Person, es ihm nachzutun, bereits geringer. Und so kann es zu Kaskaden und im Handumdrehen zu gravierenden Stimmungsumschwüngen kommen. So wird klar, dass sich am Tag einer Revolution lediglich entlädt, was am Vorabend, als noch „Ruhe vor dem Sturm" herrschte, bereits an Überzeugungen und Stimmungen vorhanden, aber noch nicht entfesselt war. Es sollte daher zu jedem Zeitpunkt davon ausgegangen werden, dass beobachtbare Stimmungen nicht die empirische Wahrheit wiedergeben könnten, sondern nur einen einseitig verzerrten Ausschnitt. Im Zusammenhang mit Nachrichtenmedien ist daher davon die Rede, dass die „published opinion“ nicht deckungsgleich mit der „public opinion“ ist. Nachrichtenartikel geben primär Wahrnehmungen und Meinungen der verfassenden Journalisten wieder, die das ihnen zugestandene Aufmerksamkeitsfenster zur Verbreitung ihrer eigenen verzerrten Meinungsbilder nutzen.

12. Politische Korrektheit

(Klare Standpunkte zu polarisierenden Themen komplett meiden)

Solange man mit einem Menschen noch nie eine ernsthafte Meinungsverschiedenheit hatte, hat man sich einfach noch nicht ausreichend mit ihm ausgetauscht. Je intensiver man jedoch menschliche Beziehungen vertieft, desto eher wird man irgendwann zum Bereich des kleinsten gemeinsamen Nenners gelangen, der natürlich mal größer, mal kleiner sein kann.

Übertragen auf politische Parteien sollte zunächst anzunehmen sein, dass der kleinste gemeinsame Nenner der Parteimitglieder im Parteiprogramm steht. Aber schon diesbezüglich wird auf Parteiversammlungen regelmäßig über Änderungen diskutiert. Für Aspekte, die im Parteiprogramm nicht eindeutig geregelt sind, geben üblicherweise die Spitzenpolitiker die nach außen vertretene Richtung vor.

Außerparlamentarische, eher monothematische politische Bewegungen sind meist zwar eng jedoch nur über wenige Standpunkte verbunden. Mitläufer einer

Demonstration teilen nur ihr Interesse am konkreten Demonstrationsanlass, auch wenn sie dafür noch so leidenschaftlich ins Feld ziehen. Mitgliedern im selben Verein geht es ebenfalls so, wenngleich ihr Miteinander zumeist auf einen längeren Zeitraum ausgerichtet ist. Aber natürlich können gemeinsam organisierte Fußballspieler oder Kaninchenzüchter vollkommen unterschiedlicher normativer und politischer Auffassungen sein.

Die Anzahl und der Überzeugungsgrad von geteilten Meinungen, Weltanschauungen und Zielen intensivieren Zusammengehörigkeitsgefühle und Zusammenhalt einer Gruppe. Andererseits allerdings schrumpft mit wachsendem inhaltlichen Austausch die Größe einer Gruppe. Zehntausende Demonstranten, die gemeinsam für einen Standpunkt zu einem Thema marschieren, würden sofort in mehrere Fraktionen zerfallen, sobald noch ein oder zwei weitere Themen auf ihrer Tagesordnung erschienen. Nicht alle Atomkraftgegner sind Veganer. Und nicht alle Veganer sind für die Ehe für alle. Ein Thema nach dem anderen eröffnet, müsste sich die Zahl der Fraktionen der Zahl der Demonstranten annähern, weil jeder Teilnehmer ein Individuum mit einer einzigartigen Kombination aus Meinungen repräsentiert.

Daraus folgt allerdings auch, dass je stärker die Individuation einer Persönlichkeit entwickelt ist, also je differenzierter auf die Welt geblickt wird, sie sich desto weniger zum Herdentier eignet. Das macht potenziell einsam, sofern die emotionale Komponente einer Freundschaft dies nicht mitzutragen imstande ist. Wer nicht alle Mitstreiter und Freunde verlieren möchte, der wird sich ab einem gewissen Punkt deshalb überlegen, besser gewisse nicht opportune Überzeugungen hinterm Berg zu halten und sich „seinen Teil" einfach nur zu denken. Bei Politikern ist dieses Verhalten noch ausgeprägter, fällt doch der zusätzliche Support durch starke emotionale Bindungen unter Politikern in der Regel unter den Tisch. Ob Bürger oder Politiker, vor die Alternative gestellt, entliebt zu werden oder die eigenen Überzeugungen zu unterdrücken, entscheidet sich eine überwiegende Mehrheit für Letzteres – und das vermutlich oft ohne sich dessen bewusst zu sein.

Wer Spitzenpolitiker und an Macht interessiert ist, dem ist an einer maximalen Größe seiner Anhängerschaft gelegen – insbesondere in einer Demokratie. Ihm sind aber auch Stabilität und Zuverlässigkeit wichtig, weswegen ihm auch an möglichst vielen Gemeinsamkeiten seiner Parteimitglieder gelegen ist. Er wird daher nach dem optimalen Spagat zwischen beidem suchen. Ab einem gewissen kritischen Punkt wird er aufkommende Kontroversen unter den Mitgliedern seiner Partei einschließlich ihrer sympathisierenden Wechselwähler aber zu unterbinden versuchen, damit sie weiterhin miteinander statt gegeneinander arbeiten. Dies gelingt konservativen Politikern, deren Anhänger eher konkrete persönliche Beziehungen abstrakten unpersönlichen Werten, Visionen und Konzepten vorziehen, besser als liberalen und linken.

Je größer also eine Partei, desto unwahrscheinlicher ist es, dass einer ihrer Spitzenvertreter einen klaren Standpunkt zu einem kontrovers diskutierten Thema einnimmt. Je emotional aktivierender das Thema, desto unwahrscheinlicher. Sollen doch alle miteinander streitenden Parteimitglieder weiterhin glauben, dass er jeweils ihrer Auffassung sei. Umso schwammiger wird er sich ausdrücken, wenn er befragt wird. Und umso eher wird er versuchen, mit viel Gerede um den heißen Brei abzulenken.

Wem insbesondere als Politiker nun aus diesen Gründen an der Schonung individueller Gefühle und Befindlichkeiten seiner Parteimitglieder gelegen ist, der nutzt gerne ein rhetorisches Zensurkonzept, das große Konjunktur hat, die Politische Korrektheit. Ursprünglich als antidiskriminierende Sprachreglung gedacht und von der amerikanischen political correctness inspiriert, ist sie in den letzten Jahren zu einem propagandistischen Machtinstrument entartet. Mit diesem kann man nicht nur innerparteilich sondern auch gegenüber dem politischen Gegner dreist Wirklichkeit verzerren, Lügen kaschieren und starke Tabus errichten.

Es gibt immer Individuen, die einen Nachteil erleiden, wenn Dinge in einer Gruppe transparent und überprüfbar sind, weil das ihre Interessendurchsetzung erschwert. Hinter Interessen stehen Gefühle und Emotionen, die verletzt werden oder zumindest unbefriedigt bleiben können. In sozialrelativen Angelegenheiten ist der Vorteil des einen der Nachteil des anderen. Anderen Individuen ist insofern an Transparenz und Messbarkeit gelegen, um ihren Emotionen Genüge zu tun.

Die Erfindung von Uhren und Zollstöcken hat ungezählte rege Diskussionen darüber, wer am schnellsten laufen und am weitesten springen könne, zum Versiegen gebracht. Eine flächendeckende Einführung des „Videobeweises" im Profifußball würde millionenfach Stammtischgespräche überflüssig machen. Wer will, dass Schwache nicht zurückgelassen werden, der verhindert gerne, dass sie als solche sichtbar werden. Wer hingegen möchte, dass seine Leistungsfähigkeit oder wie auch immer geartete Überlegenheit, die er in sich vermutet, erkennbar wird, der legt Wert auf Unterscheidungskriterien.

Natürlich wollen Linke und Konservative eher Verschleierung, Liberale und Rechte eher Messbarkeit. Denn wer liberal ist, der ist meist in einer stärkeren Position als andere und häufig auch tatsächlich leistungsfähiger. Wer konservativ ist, der ist meist in einer stärkeren Position als andere, will aber nicht, dass dies deutlich sichtbar wird, weil nicht sicher ist, ob er sich rechtfertigen könnte. Linke glauben sich oft in einer individuell schwachen Position und sind häufig auch tatsächlich weniger leistungsfähig, was sie ebenfalls nicht jedem vor Augen führen möchten. Wer rechts ist, der hält sich oft für leistungsfähiger oder sonst wie überlegen, muss es aber nicht unbedingt auch sein.

Meinungsäußerungen sind natürlich subjektiv. Allerdings kann es in Gesellschaften, in denen das Pendel des politischen Zeitgeists nach links oder zur konservativen Seite ausschlägt, dazu kommen, dass sogar schon bloße Meinungsäußerungen, ganz ungeachtet ihrer inhaltlichen Plausibilität, unterbunden werden. Mit dieser Einschränkung der Meinungsfreiheit, wie beispielsweise durch das Netzwerkdurchsetzungsgesetz, wird bereits eine Grenze zum Totalitarismus überschritten. Aber auch schon ohne staatliche Grenzüberschreitungen machen sich totalitaristische Tendenzen in einer Gesellschaft bemerkbar: beispielsweise wenn sich zynischerweise als „AntiFa" bezeichnende politische Gruppierungen Auftritte von Rednern, die sie für rechts halten, derart lautstark-aggressiv sabotieren, dass Reden nicht mehr verständlich sind oder gar abgebrochen werden müssen.

Denn durch solche nötigenden und damit letztlich gewalttätigen Eingriffe wird verhindert, dass Zuhörer sich ein eigenes Bild machen und eine darauf fußende Meinung bilden können. Diese Versuche der Unterdrückung von unerwünschten Meinungen kann man als faschistoide Methode bezeichnen. Solcher „Gesinnungsterror“ kann als Beleg dafür dienen, dass totalitaristische Tendenzen eben nicht nur ein rechtes, sondern auch ein linkes Phänomen sein können.

Es zeichnet totalitaristische Despoten aus, dass sie Jasager und Speichellecker als Vasallen um sich wünschen. An tatsächlichen Meinungen sind sie nicht interessiert. Das haben sie mit Fetischisten politischer Korrektheit gemein, die wollen, dass aufgeklärte Menschen über bestimmte unangenehme Tatsachen schweigen. Wer für politische Korrektheit eintritt, mag vordergründig wie ein warmherziger Beschützer der Armen und Schwachen erscheinen. Allerdings ist er aus umgekehrter Perspektive derer, die sich Meinungsfreiheit und Wahrheit verpflichtet fühlen, jemand, der Meinungs- und Ideologieselektion betreibt und damit ein Aggressor. Menschliches Miteinander ist eben ein Wettkampf darum, auf wessen Emotionen mehr Rücksicht genommen wird.

Quasi per Definition ist politische Korrektheit dann umso präsenter, desto kontroverser Standpunkte debattiert werden. Ein Spitzenpolitiker meidet Themen, die die politische Korrektheit berühren, wie der Teufel das Weihwasser. Wenn es sich aber nicht vermeiden lässt und er zur Einnahme eines Standpunktes gezwungen wird, dann wird er sich in einer linksdriftenden Gesellschaft auf die Seite der vermeintlich politisch Korrekten stellen, das mit Menschlichkeit begründen und anderen Herzlosigkeit unterstellen. In einer eher liberalen oder rechten Gesellschaft hingegen wird er gegen eben jene polemisieren, die sich dem Wettbewerb der Argumente verweigern, „die Zukunft aufs Spiel setzen" und es sich in „Hängematten" des Sozialsystems gemütlich machen wollen.

Es lässt sich niemals sicher sein, ob nicht eines Tages ein außerordentliches Thema auf der Agenda erscheint, das eine Sprengkraft aufweist, die bisherige politische Lager und Fraktionen in der Mitte spaltet. Wer als Regierungsoberhaupt das größte politische Lager hinter sich hat, dem kann am allerwenigsten an so etwas gelegen sein, da es Fraktionsgeschlossenheit aufbrechen kann und klare Trennlinien zu anderen Fraktionen gefährdet.

Wenn die Opposition gespalten wird, mag ein aktueller Machthaber diebische Freude daran haben. Wenn seine eigene Anhängerschaft gespalten wird, gehen die Alarmlampen an. Ein Machthaber wird das Aufkommen kontroverser Themen daher im Keim zu ersticken versuchen oder je nach Verbreitung zumindest so schnell wie möglich die Richtung identifizieren, in die die Mehrheit seiner Anhänger marschiert, damit er möglichst schnell behaupten kann, dass genau das auch seiner eigenen Position entspräche – „Mir nach, ich folge Euch."

Je weniger Meinungsverschiedenheiten innerhalb der eigenen Anhängerschaft bestehen, je weniger man diskutieren muss und je synchroner alle an einem Strang ziehen, desto stabiler ist die Statik der eigenen Macht. So gesehen ist jeder Regierungschef konservativ, ganz gleich aus welchem politischen Lager. Sind kontroverse Themen aber einmal entfacht, so werden parteiinterne Hierarchien durchgerüttelt, werden gewisse Flügel gestärkt, andere geschwächt, verschiebt sich Einfluss, kommt es zu Parteiaustritten und kann sich der Wählerzuspruch erdrutschartig verändern. Machtkämpfe erzeugen ein neues Parteiprofil und interne Selektionsprozesse.

Eine Opposition hat natürlich grundsätzlich Interesse an Bewegung. Sie kann Oberwasser bekommen, wenn Machtstatiken ins Wanken geraten. Wer klein ist, sollte polarisieren. Wer groß ist, sollte sich davor hüten und Polarisierer irgendwie zum Schweigen bringen. Je kleiner er ist, desto eher besetzt er für gewöhnlich eine ganz bestimmte Nische. Entsprechend ist man von Wählern abhängig, denen es genau darauf ankommt, dieser Nische Gehör, Vertretung und Geltung zu verschaffen. Wer groß ist, vertritt keine Nische, sondern ein Spektrum, und ist besser beraten, sich zu enthalten, innerhalb des Spektrums zu konkret Position zu beziehen. Stattdessen sollte er als Opportunist jedem innerhalb des Spektrums positionierten Wähler lediglich das Gefühl geben, genau seine Position zu vertreten.

Menschen zeichnen sich durch Forscherdrang aus. Darauf fußen zum Teil unter Inkaufnahme lebensgefährlicher Risiken erstaunliche Entdeckungen der Natur- und Ingenieurwissenschaften. Menschen haben auch einen sozialinvestigativen Drang. Plots, in denen Intrigen aufgedeckt und verzwickte Mordfälle gelöst werden, gehören zum populärsten Stoff der Medien. Wenn es individuell für sie oder enge Verbündete vorteilhaft ist, dann haben Menschen allerdings auch kein Problem damit, die Wahrheit zu vertuschen, zu lügen und andere abwegigste Dinge glauben zu lassen.

Klar ist derweil, dass wenn Meinungen und Fakten nicht ausgesprochen werden dürfen, weil ihr bloßes Hörenmüssen für andere traumatisierend sei, dann wird soziales Leben freilich auf den Austausch banalster Floskeln reduziert. Und richtig gefährlich wird es, wenn sich Entwicklungen Bahn brechen wie zurzeit an amerikanischen Universitäten, wo unter dem Banner der political correctness nicht nur eine systematische Untergrabung der Meinungs-, sondern auch der Wissenschaftsfreiheit betrieben wird.

13. Mir nach, ich folge Euch!

(Immer an die Spitze von Meinungsmehrheiten stellen)

Wie macht man Menschen glücklich? Indem man tut, was sie wollen, natürlich. Indem man Wünsche erfüllt, die sie haben. Und was Menschen besonders angenehm empfinden ist, wenn ihre Meinung bestätigt wird. Ein geschickter Berater, der weiterhin mandatiert werden möchte, widerspricht seinen Klienten nicht unverblümt. Er gibt ihnen auch nicht unbedingt glasklar akkurate und sachlich objektive Ratschläge, sondern betont das, was seine Mandanten hören wollen.

Das gilt eben auch für „das Volk" und seine Politiker. Gib ihm, was es haben will. Das ist im Zweifel das Beste, was sich tun lässt, wenn einem die eigene Popularität das Wichtigste ist. Es funktioniert nicht immer und manchmal rächt es sich bitter. Aber wenn es geht, dann wird ein Opportunist es machen. Geeigneter lässt sich die eigene Wiederwahl nicht unterstützen.

Zwar ist der Erste, der in einer Diskussion eine Meinung äußert, derjenige, der den größten Einfluss darauf nimmt, in welche Richtung sie sich entwickeln wird. Seine Duftmarke wird die stärkste bleiben und setzt eine maßgebliche Referenz. Es kann auch sein, dass seiner Auffassung eigentlich eine andersdenkende Mehrheit gegenübersteht, die im weiteren Verlauf aber zur schweigenden Mehrheit wird, weil ihre Vertreter sich mangels Wissens voneinander und aufgrund der nachteiligen Illusion, in der Minderheit zu sein, fortan zurückhalten. Nur geäußerte Meinungen gehen auch tatsächlich in die Wahrnehmung von Teilnehmern und Beobachtern ein. Dennoch kann es anders kommen. Denn auch die erste Meinungsäußerung kann am Ende isoliert dastehen, weil sie sich als eindeutige Mindermeinung herausstellt. Wer „machtbewusst" ist, macht es daher sicherheitshalber umgekehrt und wartet ab, um sich dann an die Spitze der Mehrheitsmeinung zu setzen.

Es mag Politiker mit starkem Charakter geben, die sachorientiert und prinzipientreu sind, sowie andererseits solche mit starker Persönlichkeit, die eine „natürliche Autorität" oder „Aura des Erfolgs" dazu nutzen, ihre Agenda durchzusetzen. Im Schnitt setzen sich aber eher Opportunisten durch, die weniger am sachlichen Argument interessiert sind, als am Ende um jeden Preis die Oberhand zu haben. Es verhält sich analog zu der unangenehmen Erfahrung vor Gericht, wo derjenige, der recht hat, nicht unbedingt derjenige ist, der auch recht bekommt. Zu welchem Typus will man gehören und welchen Preis ist man bereit dafür zu zahlen?

So besagen Legendenbildungen über Helmut Kohl und Franz-Josef Strauß, dass der hochintelligente Strauß jemand gewesen sei, der regelmäßig daran geglaubt habe, dass sich letztlich das inhaltlich substantiiertere Argument durchsetzen müsse. Der schlaue Kohl sei hingegen nie sonderlich darauf fixiert gewesen „in der Sache" recht zu haben, als vielmehr darauf, seine Macht zu bekommen, zu bewahren und auszubauen. Anlass anzunehmen, dass auch Strauß kein unbeugsamer Idealist war, gibt es zur Genüge, zumal nie so richtig nachvollziehbar war, wie ein hauptberuflicher Politiker ein Multimillionen schweres Vermögen hinterlassen konnte. Aber wer Videoaufnahmen von Strauß sieht, auf denen er seine Zuhörer beschimpft und eine Attitüde gnadenloser intellektueller Überlegenheit zur Schau stellt, und sie mit Kohl vergleicht, dem es um Wirkung und Staatsmännischkeit ging, der wird diesen Unterschied schwerlich von der Hand weisen können. Wer von beiden im Endeffekt erfolgreicher war ist eindeutig. Kohl war sechzehn Jahre Bundeskanzler, Strauß nur gescheiterter Bundeskanzlerkandidat von 1980 und Ministerpräsident eines Bundeslandes.

Vorher Standpunkte einzunehmen, sie zu vertreten und abzuwarten, worauf etwas hinausläuft und wie viele

Unterstützer einem folgen, ist eine andere Vorgehensweise als es auf so viele Unterstützer wie möglich abgesehen zu haben und deshalb erst mal zu warten, wie sich die Dinge entwickeln und erst dann flexibel einen passenden Standpunkt einzunehmen. Machtbewusste Opportunisten vermeiden soziale Risiken. Und wer in Demokratien seine Macht erhalten will, der hängt sein Fähnchen in den Wind, den der Sog des Mainstreams entfacht. Dann „überholt" er alle Debattanten unauffällig und heißt sie dort willkommen, wo die Mehrheit mit ihrem öffentlichen Urteilsbildungsprozess abschließend angelangt. Der Igel grüßt den Hasen. Innerhalb der Mehrheit geht er bei Details gegebenenfalls ebenfalls wiederum mit der Mehrheit konform.

So verhält es sich in Demokratien, in denen Mehrheit grundsätzlich Macht bedeutet. Dazu muss sich von Mehrheitsverhältnissen zunächst ein Bild gemacht werden. Da plötzliche Meinungsumschwünge und Kurswechsel überdies immer glaubwürdigkeitsbeschädigend wirken, empfiehlt es sich eigene Diskussionsbeiträge so lange hinauszuzögern, bis man sich über das Potential verschiedener Meinungen innerhalb von Gruppen hinreichend sicher ist. Sonst besteht die Möglichkeit, dass schweigende Mehrheiten übersehen werden, die unter Umständen erdrutschartige Umschwünge herbeiführen könnten. Diese Strategie kann ein Weilchen dauern, sollte im Sinne des eigenen Interesses aber nicht allzu lange herausgezögert werden, um keine Unsicherheit im Wahlvolk entstehen zu lassen und den Fokus nicht auf die eigene Person zu richten, der sonst schlimmstenfalls „Führungsschwäche" oder Konzeptlosigkeit unterstellt werden könnte. Wahrgenommen werden will man ja eben nicht als primär machtbewusst, sondern so, als sei man stets rein inhaltlich unterwegs und strikt sachlich, authentisch und vertrete moralisch ein löbliches Wertekonzept. Also stellt man sich zu gegebener Zeit, sobald ein eindeutiger Trend sichtbar wird und man glaubt, dass die Waagschale sich endgültig zu einer Seite geneigt hat, vor Kameras und Mikrofone und verkündet im Brustton der Entschiedenheit seinen „Standpunkt" auf eine Weise, die kaum einen Zweifel darüber lässt, dass man nie ernsthaft etwas anderes im Sinn gehabt hätte. Und jetzt sei schließlich der geeignete Zeitpunkt, um die Dinge in die Tat umzusetzen. Dass man nur in die Wege leitet, was die Mehrheit im Wahlvolk offenbar wünscht, sagt man natürlich nicht.

So ist es meistens. Meistens heißt aber nicht immer. Natürlich nicht.

Das Internetzeitalter bringt zwei dem entgegenstehende Effekte mit sich. Denn schweigende Mehrheiten entstehen seltener als früher. Andererseits aber können virale Effekte und „Shitstorms" dennoch extrem asymmetrische Vorstellungen der Meinungsverteilungen erzeugen, weil die große Mehrheit jener, die die Aufregung nicht verstehen, überwiegend gar keinen Anlass zur Meinungsäußerung sahen. Meinungsmachende Journalisten verlieren an Einfluss, weil Formung und Austausch der öffentlichen Meinung nicht mehr nur im kleinen Kreis per Plausch am Gartenzaun, am Kneipenstammtisch oder beim Kaffeeklatsch stattfindet, sondern auch in sozialen Medien und Internetforen. Für Opportunisten an der Regierungsspitze erhöhen sich dadurch massiv die Risiken. Je emotionalisierender ein Thema, desto mehr. Schnell ist das eigene Gesicht mit Negativthemen assoziiert.

Eine Möglichkeit, um solche Risiken in den Griff zu bekommen, ist das gute alte „Guter-Bulle-böser-Bulle"-Spielchen. Wenn sich klare Meinungsmehrheiten nicht von selbst herauskristallisieren, dann lässt sich etwas nachhelfen und Schwung in Debatten bringen, indem ein zumindest etwas prominentes Mitglied der eigenen Partei tatsächlich öffentlich einen konkreten Standpunkt besetzt. Je nach Resonanz kann ein Regierungschef seinen Parteifreund bald darauf öffentlich für seine „klare Kante" loben, oder aber es so aussehen lassen, als habe er ihn „zurückpfeifen" und für seinen „Alleingang" tadeln müssen. Im letzteren Fall lässt es sich sogar noch als „Alphatier" profilieren. Ein deutscher Bundeskanzler kann für solche „Jobs" einen nachrangigen Minister, durchaus aber auch mal einen Ministerpräsidenten vorschicken. Einem Ministerpräsidenten muss dadurch noch nicht einmal ein Schaden entstehen, sondern er mag sich als Provinzfürst inszenieren, der die Interessen seiner Wähler vertritt, sich nicht alles gefallen lässt und nicht scheut, klare Ansagen nach Berlin zu schicken. Und die Leitmedien, die ja jeden Tag genug Stoff brauchen, um ihre Seiten zu füllen, machen diese Spielchen gerne mit. Nachrichtensendungen sind häufig nicht mehr als Realityseifenopern für Akademiker, die Soaps wie „Gute Zeiten, Schlechte Zeiten" oder „Denver Clan" in Sachen Drama nicht nachstehen.

Das wunderbare Zusammenspiel zwischen CDU-Bundeskanzler und CSU-Ministerpräsident zeigt seit jeher, wie gut dies funktionieren kann. Zumal Letzterer sich bei Reden in Bierzelten prächtig als Mann des Volkes darstellen kann, für dessen pseudooppositionelles Austeilen gegen die „Preußen" er „dahoam" umso stärker geliebt wird. Als „Schwesterparteien" können CDU und CSU das politische Spektrum als Volksparteien noch breiter abdecken, wobei die CSU in der Union mehr Raum einnimmt, als Bayern es flächen- und einwohnermäßig in Deutschland tut. Dort, wo sich CDU und CSU scheinbar widersprechen, werden sie sowohl von jenen gewählt, die wollen und glauben, dass sich am Ende natürlich doch die mächtigere CDU durchsetzen wird, als auch von jenen, die wollen, dass die Stimme der CSU innerhalb der Union mehr Einfluss bekommt.

Wenn die Drittklässler gegen die Erstklässler das Fußballspiel in der großen Pause auf dem Schulhof mit 8:1 gewinnen, muss sich eigentlich niemand wundern. Es soll aber tatsächlich Drittklässler geben die ihre unterlegenen Gegner mit hämisch ausgestrecktem Zeigefinger auslachen. So mancher gnadenlos überlegene Goliath kostet aus, dass er einen David zwischen Daumen und Zeigefinger zerquetscht hat. Okay, was soll er auch machen? Sich ärgern, dass er gewonnen hat? Vielleicht eher sich gleichwertige Gegner suchen – könnte ein Moralisierer sagen. Aber was ist mit den Zuschauern? Kann es tatsächlich Zuschauer geben, die bei jedem Drittklässlertor frenetisch feiern und sich beim einzigen Treffer der Erstklässler noch zerknirscht geben? Offenbar gibt es das! Auch mancher Fußballfan drückt grundsätzlich der prominenteren Mannschaft die Daumen, die wahrscheinlich auch die stärkere ist, um hinterher mit den Gewinnern jubeln zu können. Im Gegensatz zu machtbewussten Politikern will er vielleicht nicht unbedingt einer ihrer Anführer sein, aber zumindest in irgendeiner Weise am Erfolg partizipieren.

Die Perspektive eines Davids als reizvolle Herausforderung zu betrachten und als Zuschauer zu den Außenseitern zu halten, ist offenbar nicht die populärere Variante. Weitaus mehr Menschen genießen lieber eine Identifikation mit den Goliaths dieser Welt. Anders ist es kaum zu erklären, wenn Fußballvereine wie Manchester United, Bayern München oder FC Barcelona mit ihren Heerscharen an Fans ihre Sympathiewerte mit jeder nachwachsenden Generation noch weiter steigern. Offenbar können Fans solcher mit Nationalspielern aus aller Welt gespickten Großvereine enormen Spaß dabei empfinden, wenn „Underdogs“ aus Coventry, Magdeburg oder Pamplona aus dem Stadion gefegt werden. Als Nobody – oder „Kleines Licht“ – in großen Gruppen ließ und lässt es sich im Endeffekt zumeist doch besser leben als an der Spitze kleiner Gruppen, bei denen das Schicksal schnell besiegelt sein kann. Als Symbiont eines ressourcenreichen Wirtstiers fällt eben immer auch etwas für einen selbst ab. Und als Vasall eines Fürsten etwas von dessen Reputation.

14. Volkspartei sein

(am einen Rand fischen, am anderen Abspaltungen im Keim ersticken)

Wenn auch eine Partei, die nur eine Minderheit der Bevölkerung vertritt, „Volkspartei" genannt werden könnte, dann wäre jede Partei eine Volkspartei. Was zeichnet eine echte Volkspartei also aus? Von ihr wird sicherlich eine so dominante Rolle erwartet, dass ihr Spitzenkandidat regelmäßig für das Amt eines Regierungschefs in Frage kommt, zumindest aber, dass bei Regierungsbildungen nur wenig Wege an ihr vorbeiführen. Je mehr Wählerstimmen, desto volksparteilicher. Eine solche Definition besagt nichts über politische Inhalte, die auf einer Parteiagenda stehen. Aber wie kann es dazu kommen, dass so große Menschenmassen mit sich voneinander unterscheidenden Interessenslagen den Weg zur selben Partei finden? In einer Demokratie geht es doch eigentlich gerade darum, dass unterschiedliche Vorstellungen in die Auseinandersetzung geschickt werden.

Dies lässt sich schön mit dem „Kantinenphänomen" erklären. Essen in Großkantinen wie einer Hochschulmensa schmeckt selten berauschend. Warum ist das so? Geben sich Köche ausgerechnet dort keine Mühe, wo sie tausende Menschen und deren Gaumen erreichen? Wäre nicht gerade dies ein Ort an dem man sich als Koch im Nullkommanix einen tollen Namen machen könnte? Das Problem ist eben, dass Geschmäcker verschieden sind. Und für je mehr Menschen man kocht, desto mehr und desto unterschiedlichere Geschmäcker muss man unter einen Hut bekommen. Menschen sind darauf konditioniert, dass sie genügend Fette, Proteine und Kohlenhydrate erhalten. Aber darüber, wie deren Zubereitung im Detail ausgestaltet werden sollte, gehen die Meinungen auseinander.

Je mehr Profiltiefe von der Persönlichkeit einer Person bekannt ist, desto interessanter kann sie sein. Allerdings auch desto uninteressanter. Ähnlich ist es mit zubereiteten Speisen. Mit einer Zutat wie Reis oder Kartoffeln kann ein Koch kaum einen Besucher verprellen. Mit jeder weiteren Zutat allerdings, die er hinzugibt, verliert er einen Gast nach dem anderen, der seine Zubereitungen nicht mehr verträgt oder mag. Gleichzeitig macht er sich bei jenen fortwährend umso beliebter, deren Lieblingszutaten er zufälligerweise genau erwischt. Wer nur ein kleines Restaurant eröffnet und somit keinen Anspruch formuliert, für die halbe Stadt kochen zu wollen, sondern nur für bestimmte Gäste mit bestimmten Vorlieben, der kann sich profilschärfenderweise mit exzentrischsten Kreationen einen Namen als außergewöhnlich begabter Koch machen. Denn bei ihm kommen die Liebhaber seiner ausgefallenen Interpretationen voll auf ihre Kosten. Ein Restaurant wie McDonalds fährt hingegen eine gegenteilige Strategie. Dort fragen die Unternehmensmanager sich zu jedem Zeitpunkt wie sie „kochen“ lassen müssen, damit die größtmögliche Kundenmenge angesprochen wird. Das Essen muss geschmacksintensiv genug sein, damit sich eine gewisse Menge angesprochen fühlt, aber nicht so intensiv und in einer Weise markant, dass eine schmerzhafte Menge an Kunden wieder abspringt. Wer in Großküchen kocht, der wird seinen Primärfokus somit üblicherweise auf Verträglichkeit legen. Wer von außergewöhnlichen Geschmackserlebnissen verzückt werden möchte, der kommt ohnehin nicht hierhin.

Lohnt es sich über diese Kantinen-Analogie nachzudenken? Unbedingt, soweit nicht jedem klar ist, dass eine Volkspartei so etwas wie eine Großkantine für politische Geschmäcker ist. Je ausdifferenzierter Profile und Konzepte sind, desto eher lässt sich vermuten, dass dahinter jemand steht, der gründlich nachgedacht und abgewogen hat, über Wissen und Erfahrung verfügt, sachlich an Inhalten und an Nachhaltigkeit interessiert ist. Je schwammiger hingegen Profile und Konzepte sind, desto eher kann der Verdacht erhoben werden, dass jemand sich lediglich adaptiv von Problem zu Problem hangelt und seinen persönlichen Machterhalt um jeden Preis im Blick hat. Je eindeutiger das Profil einer Partei ist, je dezidierter, unflexibler, kompromissloser und nachhaltig festgelegter es ist, desto klarer weiß ein sympathisierender Wähler, dass sie seine Partei ist. Desto mehr Wähler wissen aber auch ebenso klar, dass sie ganz bestimmt nicht die ihre ist. Volksparteien sind dagegen nicht sonderlich prinzipientreu. Wenn ihnen Wähler davonlaufen, dann wird sofort darüber diskutiert, ob nicht „die Seele des Volkes" aus dem Blick verloren wurde. Dann kommt es nicht selten zu Aktionismus.

Nur eine Volkspartei kann sich eine Taktik leisten, wonach sie mehrere prominente Mitglieder mit Ausnahme des Spitzenkandidaten zu einem öffentlichkeitswirksamen Thema so lange verschiedene Meinungen einnehmen lässt, bis zu bemerken ist, wer unter ihnen am meisten Zuspruch erhält. Demjenigen kann der Spitzenkandidat, der sich bis dahin zurückgehalten hat, dann geschwind zur Seite springen und ein „Machtwort" sprechen, sodass mit einem Mal die ganze Partei wieder einer Richtlinie folgt. Kleine Parteien können das nicht.

Vergleiche, wonach Volksparteien wie träge Tanker wären, die nur langsam ihre Richtung ändern können, und kleine Parteien derweil wie Motorboote, mögen dann zutreffen, wenn es um neu aufkommende Themen geht. Das liegt auch daran, dass das Personal kleiner Parteien mit ihren ausdifferenzierteren Profilen meinungshomogener ist. Haben sich kleine Parteien aber erst einmal festgelegt, können sie es sich weniger anders überlegen mit dem Verweis darauf, dass sie das Volk und dessen Bedürfnisse nicht aus den Augen verlieren dürften. Ihr Klientel würde es ihnen verübeln. Keine wirtschaftsliberale Partei kann plötzlich kommunistische Parolen propagieren, bloß, weil ihr die Wähler schwinden. Und umgekehrt. Volksparteien sind hingegen optimalopportunistisch und zu ganz anderen Spagaten fähig. Sie orientieren sich an ihrem Wählerzuspruch und „erkennen" gelegentlich, dass sie den Kurs ihrer Politik ändern müssen, wenn der Zuspruch des Volkes zu ihrer Politik schwindet. Volksparteien haben keine unverrückbaren ethischen Werte. Die Werte des „Volkes", womit die größte abgrenzbare homogene Fraktion unter den Wahlberechtigten gemeint ist, sind auch ihre Werte. Dass eine Volkspartei feste Prinzipien hätte, diese Illusion schiebt sie ihren Wählern natürlich unter, weil diese Verlässlichkeit wünschen. Von wem man gewählt wird, das ist in der Demokratie so egal, wie es es im Kapitalismus ist, wer einem Waren abkauft. Es sollen nur viele sein.

Kleine Parteien können insofern als „charakterstärker" bezeichnet werden, da sie zumeist ein klares Profil besitzen, das durch Schwerpunktsetzung in speziellen Nischen – beispielsweise Datenschutz (FDP) oder Umwelt-„Schutz" (GRÜNE) – geschärft ist. Sie werden eher wegen ihrer Werte gewählt, die markant definiert sind. Volksparteien dagegen werden vorrangig gewählt, weil die ganze Sippe es ebenso zu tun pflegt. Die gemeinsame Partei bietet eine politische Heimat. Wer eine gewisse Bindung zu einer Partei aufgebaut hat, der verfolgt tagespolitische Debatten ohnehin nicht mehr so eng und überprüft nicht unentwegt, ob ihre Protagonisten auch stets ihren Leitprinzipien treu sind. Bindungen werden zu Menschen aufgebaut. Umso wichtiger ist für eine Volkspartei ihre Identitätspflege. Identität speist sich weniger aus Sachbezogenheit und einem stimmigen Konzept aus Inhalten, als aus einem Cluster an Narrativen und Emotionen.

Wenn in einer Partei Leute an die Spitze gelangen, die weniger nachhaltig in ihr verwurzelt scheinen und die unpersönlichen abstrakten Prinzipien im Zweifel den Vorzug vor Mauschelei geben, kann auch eine Volkspartei auseinanderbrechen. Wenn der „Niedergang" einer Volkspartei eingeläutet scheint und sie Vorsprünge verliert, geht dies mit Ab- und Aufspaltungen einher. Denn Individualisierungstendenzen führen dazu, dass anders als zuvor der Fokus der Wähler und Mitglieder stärker auf den Unterschieden statt den Gemeinsamkeiten liegt. Dann gilt es die Mitglieder daran zu erinnern, dass der Feind, auf den die gemeinsame Aufmerksamkeit gerichtet werden sollte, doch außerhalb liege. Ist es erst mal so weit gekommen, dann ist das wichtigste Kapital einer Volkspartei, die gemeinsame Identität, gefährdet.

Als Volkspartei können einem da schnell mal eine ganze Menge Wähler abspringen. Also versucht man sie wieder einzufangen. Das Ziel ist die Maximierung des Wählerzuspruchs. Dabei lauert aber das Risiko, dass eine vollmundige Parole dazu führen kann, dass am einen Ende ihres programmatischen Spektrums mehr Anhänger der Partei den Rücken kehren als auf der anderen Seite dazugewonnen werden. Natürlich könnten bestimmte Wählergruppen „geopfert" werden, im Sinne einer Zuwachsstrategie. Doch ab einer kritischen Menge könnten solchermaßen „Fahnenflüchtige" auch noch eine eigene Partei gründen. Dann hat man plötzlich einen Gegner im Rücken. Ab dann muss an zwei Fronten gekämpft werden. Die SPD fing sich genau dieses Problem ein, als sie der Gründung der GRÜNEN nicht effektiv vorbeugte. Knapp drei Jahrzehnte später unterlief der CDU ein ähnlicher Fehler, als ihr ein Flügel wegbrach und in angereicherter Form als AfD – „Alternative für Deutschland" – erstmals Anlauf auf den Bundestag nahm. Derlei geschieht weniger sukzessiv, als vielmehr plötzlich, disruptiv, wenn für eine kritische Menge „das Fass überläuft".

Früher wurden Anhänger der GRÜNEN „Alternative“ genannt. Eine ihrer Vorläuferparteien hieß gar „Alternative Liste“. Ging es damals um Alternativen zu spießbürgerlicher Biederkeit, so scheint es heute um eine Alternative zu mutmaßlich „gescheitertem Multikulti“ und „linkem Einheitsbrei“ zu gehen.

Die Existenz der „LINKEN“ im linken Spektrum ist hingegen schlicht historisch bedingt und anders einzuordnen. Die „SED“ alias „PDS“ wurde für viele DDR-Bürger inmitten der Unübersichtlichkeit des „freien Westens“ zu einer Solidaritäts- und Identifikationspartei. Ostdeutsche „Neuwähler“ investierten in jene Partei, von der sie jahrzehntelang eingesperrt und bespitzelt worden waren, die Hoffnung, dass sie auf sie aufpassen und die schlimmsten Härten des Kapitalismus für sie abfedern würde, da sie sich von Unmengen an neuen Eindrücken und Entscheidungen überfordert fühlten. Um dieses Wählersegment hatte die SPD nach der Wiedervereinigung nicht gleich aggressiv werben können, um sich nicht ideologischer Nähe zu Totalitarismus und Diktatur verdächtig zu machen. Schließlich gab es ja auch den historischen Zwangszusammenschluss von SPD und KPD in der sowjetischen Besatzungszone, von dem sich die westliche SPD natürlich abgrenzen muss. Durch Fusion mit der weiteren kleinen SPD-Abspaltung WASG wurde die PDS schließlich auf Bundesebene das, was in Politiker- und Journalistenjargon „salonfähig“ genannt wird.

Dass Parteien auf Wachstum aus sind und um Wählerstimmen kämpfen wie Unternehmen es in Hinblick auf Marktanteile tun, ist selbstverständlich. Sie sind sich deshalb auch nicht zu schade dafür, um die Gunst der Wähler auch jenseits der Grenzen ihrer programmatischen Kernausrichtung zu „fischen". Eine solche Grenze verläuft nicht nur mittig, sondern ebenso auch an den Rändern. Genau das wird Politikern von Journalisten gerne vorgeworfen. Sie würden „im Trüben" fischen oder gar in den Lagern von Extremisten. Als sollte ihnen als Demokraten nicht eher genau daran gelegen sein, dass Extremisten Stimmanteile an „bürgerliche" und arrivierte Parteien verlieren, weil ihre Sympathisanten auf den „rechten Weg" zurückgeführt werden. Sofern Extremismus etwas Schlechtes ist, ist jeder Wähler ein Erfolg, der davon abgebracht wird, dort seine Stimme zu platzieren. Und in Lagern von Extremisten zu fischen ist oft aussichtsreicher als es in Hochburgen eines auf Augenhöhe befindlichen direkten politischen Gegners zu tun.

Im überwiegenden Maße spielt Wahlkampf sich aber darin ab, dass um Wechselwähler und um „die politische Mitte" gekämpft wird. Darunter befinden sich solche Wähler, die gänzlich ideologiefrei sind, solche, die keine verwurzelte politische Identität besitzen, solche, die situativ flexibel auf Nachrichtenlagen reagieren, solche, die sich allein am eigenen finanzökonomischen Vorteil orientieren, sowie natürlich solche, die enttäuscht und frustriert sind.

Wenn der Eindruck entstanden ist, dass Volksparteien einander zunehmend gleichen, kann das insofern kaum überraschen, als dass sie ja um dieselbe Mitte konkurrieren. Sie versuchen letztlich der größten homogenen Wählergruppe zu gefallen, dem Mainstream. In ihrem Bemühen, ihr Kantinenessen für die Mitte schmackhaft zu machen, können nun gelegentlich die Bedürfnisse von im Grunde genommen treu ergebenen und fest verankerten Kernwählern aus den Augen verloren werden. Das geht nicht immer gut.

15. Instrumentalisierung

(Seht her, wer alles meiner Meinung ist)

Wer im Namen anderer Verträge abschließt, muss selbst haften, wenn sich herausstellt, dass er gar nicht dazu autorisiert war „Willenserklärungen“ für sie abzugeben. So entspricht es nicht nur ganz selbstverständlich dem Rechtsverständnis der meisten Menschen, sondern findet sich auch juristisch so geregelt. Je nach Konstellation wird er etwa „Vertreter ohne Vertretungsmacht“ genannt und kann allenfalls noch darauf hoffen, dass die betroffene Person das Rechtsgeschäft genehmigt, also nachträglich zustimmt.

In der Politik ist das anders. Jeder kann jederzeit hingehen und behaupten, dass er legitimerweise für Person X oder Gruppe Y spreche. Auch ohne umfassende vorherige demoskopische Erhebung geben Politiker gerne vor, für ganze Gesellschaften zu sprechen. Dabei ist grundsätzlich davon auszugehen, dass sie allenfalls einen Teil davon repräsentieren. Aber so erwecken sie den Eindruck, ihre Argumente hätten eine größere

Legitimation und würden in jedem Fall auf Tatsachen fußen.

Wer verkündet, dass er im Namen aller Schwarzen, Asiaten, der westlichen Welt, Russlands, Amerikas, der Frauen und so weiter spreche, der erweckt den Eindruck, dass er eben kein Individualist sei, sondern Teil einer homogenen Gruppe signifikanter Größe. Es geht ihm um manipulierende Illusionen über normative Meinungsverteilungen. Er schüchtert Andersdenkende ein. Er versucht in ihnen den Glauben hervorzurufen, wonach sie einer Minderheit oder Gruppe von Schwächeren angehören. So kann bewirkt werden, dass sie ihre Meinung gar nicht mehr artikulieren, weil sie sich in den üblichen Fängen einer schweigenden vermeintlichen Mehrheit verfangen. Sie reagieren mit Meinungszurückhaltung, weil sie sich Anfeindungen, Ausgrenzung, finanzielle oder sogar sexuelle Nachteile ersparen wollen. Jene wiederum, die ähnlicher Meinung wie der Instrumentalisierer sind, werden ermutigt sich ebenfalls zu äußern. Unschlüssige und zumindest junge, unerfahrene Menschen werden dadurch erheblich manipuliert. So entwickelt sich in einem selbstverstärkenden Prozess eine Mobilisierung, die die Illusion immer mehr verstärkt. Obwohl die Demokratie ja gerade den offenen Austausch von Meinungen auch von Minderheiten gewährleisten soll, ist es in der Praxis meist so, dass nur die, die charakterstark oder nicht erpressbar sind, sich trauen, kritische Auffassungen öffentlich oder auch nur im privaten Bereich zu vertreten. Die überwiegende Zahl der Menschen sind Mitläufer. Und je mehr Mitläufer sichtbar werden, desto leichter fällt eine angepasste Meinungsäußerung, wird sie doch mit Anerkennung durch die Gruppe belohnt.

Gelegentlich maßen sich Leute gar an, im Namen aller „intelligenten" Menschen oder sogar aller „Humanisten" zu sprechen. Etwa wenn sie zum „Aufstand der Anständigen" aufrufen. Das ist pauschalste und perfideste Instrumentalisierung. Die Opportunisten bescheinigen sich zum einen selbst, dass sie auf der Seite der „Guten" stehen. Und zweitens übt man Druck auf solche aus, die (noch) anderer Meinung sein könnten.

Wirtschaft- und Rechtssysteme sind Machtstrukturen, die aber bestimmt nicht in erster Linie der Gerechtigkeit verpflichtet sind. Es geht in der Praxis meist um Machtkämpfe. Dazu müssen Mehrheiten innerhalb mächtiger Gruppen „organisiert" werden, in denen weitreichende Entscheidungen getroffen werden. Die Gesamtmehrheit ist oft gar nicht so entscheidend, wie jedem einleuchtet, der den Slogan der „Occupy-Wall-Street"-Bewegung kennt, wonach „wir" die „neunundneunzig Prozent" seien. Eine maßlose Instrumentalisierung. Aber dieses Beispiel zeigt gut, wie

Machteliten das Heft des Handelns geschickt in der Hand behalten.

Es wird auch selten davor zurückgeschreckt posthum prominente Figuren zu instrumentalisieren. Vor Toten gibt es selten Respekt, der einzig lauten könnte, dass man sich mit Deutungen über Personen die nichts mehr erwidern können, zurückhält. Doch sie werden im Namen „der Geschichte" zu Helden oder Märtyrern verklärt, oder eben als üble Gesellen verunglimpft. Dass es natürlich auch objektiv kriminelle Taten der Verstorbenen geben kann, ist damit natürlich nicht ausgeschlossen. Doch mit der Einordnung und Interpretation fängt der Bereich der Instrumentalisierung an, sofern es sich nicht um wissenschaftliche Beurteilungen handelt. Und selbst die unterliegen gewissen Einflüssen der politischen Großwetterlage und des Zeitgeistes.

16. Sozialvergleiche ziehen

(Das Spiel mit Abstiegsängsten und Aufstiegshoffnungen)

Den Blick in einen Notenspiegel zu werfen und zu sehen, dass man das zwanzigstbeste Prüfungsergebnis erzielt hat, kann Grund zur Freude wie Grund zum Ärger bescheren. Hängt es doch maßgeblich davon ab, ob es eine Klassenarbeit war, an der zwanzig Schüler teilnahmen, oder aber ein landesweites Juraexamen in Nordrhein-Westfalen.

Auch Menschen folgen einem Herdentrieb, so viel ist klar. Menschen sind auch referenz- und insbesondere sozialreferenzorientiert. Die Dinge hängen natürlich zusammen. Die verhaltenswissenschaftlichen Gründe dafür mögen den einen interessieren und den anderen langweilen, aber niemand ist gänzlich frei davon.

Neunter klingt auch erst mal besser als Zehnter. Jedenfalls ohne, dass weitere Informationen gegeben wären. Aber Neunter von Zehn sieht schlechter aus als Zehnter von Einhundert. Den neunzig anderen, die hinter ihm platziert sind, wünscht ein Zehnter von Hundert individuell bestimmt nichts Böses. Bestimmt schreibt er ans Ende seiner nächsten Email an einen von ihnen demnächst wieder: „Viel Erfolg!“. Abstrakt ist er allerdings bestimmt froh, dass jene Neunzig die Prüfung mitgeschrieben haben, denn wenn sie nicht gekommen, sondern im Bett geblieben wären, dann wäre er der letzte von zehn geworden. Und das hätte sich nicht gut angefühlt. Gute brauchen die Anwesenheit von Schlechten, damit sie gut aussehen und sich gut fühlen. Der Kontrast ist erforderlich.

Damit wäre eine weitere unangenehme Wahrheit über Menschen thematisiert, die viele schlimm finden mögen, ja, die auch berechtigten Anlass zu Kulturpessimismus geben kann. Je schlechter es anderen geht, desto besser fühlen sich die meisten Menschen. Das muss nicht bedeuten, dass sie nicht dennoch mitleidsfähig sind. Es ist ihnen nur nicht bewusst.

Wer wochenends in eine Bar geht und cocktailschlürfende Gäste belauscht, der kann feststellen, dass sich der größte Teil ihrer Gespräche um abwesende Personen dreht. Menschen lieben Tratsch. Leider werden dabei oft weniger schmeichelhafte als potenziell reputationsschädigende Inhalte ausgetauscht. Dass ihr Gesprächspartner der Auffassung sein könnte, dass so ein Verhalten mehr über ihn selbst als über die anderen, über die er redet, aussagen kann, ist nicht vielen Menschen bewusst.

Umgekehrt interessieren Menschen sich brennend für das, was andere über sie sagen und welchen gesellschaftlichen Ruf sie haben. Eine gigantische Menge an Ratgeberliteratur erklärt vermeintlicherweise wie man herausbekommt, was Dritte über einen denken, was sie wirklich meinen, wenn sie dieses oder jenes zu einem sagen, was ihre Blicke bedeuten, und wie man solche Dinge zu seinem Vorteil beeinflussen könne. Dass Menschen gerne Gedankenlesen könnten, wurde zu Beginn dargestellt, dass Reputation eine Form von Kapital ist, wird hingegen später noch zum Thema werden.

Wie für alle Ängste und Hoffnungen gilt, dass wer dies verstanden hat und seine Rhetorik darauf einstellt, Menschen effektiv manipulieren kann.

Ein beliebtes Mittel, das gerade Oppositionspolitiker anwenden, um Menschen aufzuscheuchen, ist, ihnen schmerzhafte Sozialvergleiche unter die Nase zu reiben, die natürlich das Ergebnis der Politik des politischen Gegners seien. Bestenfalls so formuliert, dass jeder Zuhörer sich individuell angesprochen fühlt und fürchtet, dass er entweder individuell innerhalb einer Gruppe oder mit seiner Gruppe in Gruppenvergleichen ans Tabellenende zu rutschen droht.

Je größer die Europäische Union wurde, desto beliebter wurde es, Vergleiche anzustellen und den unionsinternen Tabellenplatz des eigenen Mitgliedsstaats in dieser oder jener Angelegenheit zu erwähnen, wenn es der eigenen Wahl oder Wiederwahl diente. Welchen Platz die Kinder des eigenen Staats in der jüngsten PISA-Studie eingenommen haben, erwähnt in Mitgliedsstaaten mit hoher Platzierung lieber die Regierung und in solchen mit niedriger die Opposition. Dass die gewaltigen Größenunterschiede hinsichtlich Einwohnerzahl und Fläche zwischen den Mitgliedsstaaten erhebliche Verzerrungen hervorrufen können, wird dabei unterschlagen. Mal werden Tabellen mit relativen, mal aber absoluten Zahlen gefüttert. Deutschland hat rund achtzigmal so viele Einwohner wie Estland. Natürlich hat Deutschland absolut viel, viel höhere Staatsschulden. Also müssten relative Durchschnitts- und Prokopfgrößen herangezogen werden. Relative Vergleiche machen aber auch nicht immer Sinn, denn es gibt zahlreiche sogenannte ökonomische „Skaleneffekte", die ebenfalls verzerren. Natürlich ist ein Stromverbrauch pro Kopf viel niedriger, wenn auf einer Herdplatte Essen gleichzeitig für zehn statt nur für eine Person gekocht wird.

Wer einen Berufspolitiker einen solchen EU-Vergleich ziehen hört, demnach Deutschland angeblich und ganz fürchterlicherweise Vorletzter sei, könnte ihn fragen, welchen Platz Deutschland darin seiner Meinung nach denn eigentlich sonst einnehmen sollte. Und welcher andere Mitgliedsstaat sollte stattdessen vorletzter sein? Mindestens auf die zweite Frage hin wird üblicherweise zu erleben sein, dass der Politiker sich windet und eine konkrete Antwort schuldig bleibt. Entweder, weil er keine weiß, oder aber, weil er niemanden „vors Schienbein“ treten will. Wenn er einen konkreten Mitgliedsstaat nennen würde, könnte er schlimmstenfalls diplomatische Verwicklungen verursachen. Aber wenn er abstrakt bleibt, dann wird niemand aus einem der fast dreißig anderen Mitgliedsstaaten seine Reputation ernsthaft beschädigt oder sich beleidigt fühlen.

Diskussionen darüber, ob eine bestimmte Politik in Deutschland zu einem erfreulichen oder einem unerfreulichen Ergebnis führt, könnten sich auch unabhängig von der Politik in anderen Staaten oder Ländern führen lassen. Warum sollte jemand, der stolze viertausend Dollar im Monat verdient und eben noch zufrieden war, plötzlich mit sich, seinen Einkünften und seiner Leistung unzufrieden werden, weil der Nachbar nach einem Jobwechsel eine Gehaltserhöhung von drei- auf fünftausend bekommen hat? Klar, Menschen funktionieren so. Aber wie Politiker damit perfide spielen, sollte einem bewusst sein.

Wer fürchtet, in einer Vergleichstabelle nach unten durchgereicht zu werden, der kann sich nicht gleichzeitig für andere darüber freuen, dass sie im Gegenzug aufsteigen. Da hört für die meisten Empathie auf. Er kann auch nicht einfach ruhig bleiben, indem er beides miteinander verrechnet, schließlich ist es ja ein soziales

Nullsummenspiel. Niemand möchte einen individuellen Negativsaldo erwirtschaften. Altruisten, die lieber anderen als sich selbst eine Freude bereiten, sind rar gesät.

Wer Menschen individuell oder Gruppen zueinander in Vergleich setzt, der spielt sie gegeneinander aus, wenn sie es mit sich machen lassen. Er setzt „Armsraces“ in Gang, die ein Element biologischer Evolution sind. Hat einer sich verbessert, steigt der Druck für den anderen nachzuziehen und die alten Verhältnisse auf neuem Niveau wiederherzustellen. Ist dann aber ein Dritter an einem vorbeigezogen, steht der relativ wieder dort, wo er begonnen hat, obwohl er sich absolut verändert hat.

Kontrasteffekte und Referenzneigungen begegnen einem vielerorts. Wohl dem, der sie erkennt und sich von ihrer negativen Wirkung freimachen kann. Oder sie positiv für sich nutzt. Etwa eine achtzehnjährige Frau, die sich in einen dreißigjährigen Mann verliebt hat, aber ihren Eltern raffinierterweise erst sagt, dass ihr neuer Freund schon fünfundvierzig sei. Nachdem sie einen Sturm an Entsetzen, Vorwürfen und flehender Appelle über sich hat ergehen lassen, kann sie die Situation lächelnd auflösen und ihre Eltern beruhigen, indem sie sie wissen lässt, dass dieser doch gerade erst dreißig sei. Manche Eltern fallen darauf herein.

Wer einem als Immobilienmakler eine Wohnung zu einem übertriebenen Preis andrehen möchte, kann einem über die am Standort bestehenden Gegebenheiten und Verhältnisse ahnungslosen Interessenten vorher eine andere Wohnung zeigen. Eine, die zahlreiche Mängel hat und insgesamt schlechter, aber als teurer ausgewiesen ist als die, welche der Makler dem Interessenten eigentlich unterjubeln möchte. Wenn es dann nämlich um die eigentliche Wohnung geht, die vermietet werden soll, kann es sein, dass eine höhere Zahlungsbereitschaft besteht, als es ohne Kontrasteffekt der Fall gewesen wäre. Mittel dieser Art gibt es in der Politik viele. Sie werden als „Framing" bezeichnet.

17. Zahlendeutungshoheit beanspruchen

(In statistischer Datenanalyse macht mir niemand etwas vor)

Es gibt diesen Spruch unbekannter Herkunft, wonach „Facebook“ wisse, wer Du sein willst, und „Google“, wer Du bist.

Jemanden ohne jegliches Profil auf einer sozialen Internetplattform muss man erst mal auftreiben. Das ist gar nicht so einfach. Die Situation, ein ansprechendes Foto von sich hochzuladen, kennt also fast jeder. Wer selbst schon mal im Zentrum eines Fotoshootings stand, weiß, dass ein Model von einhundert Schnappschüssen höchstens mit fünf halbwegs und nur einem wirklich zufrieden ist. Dementsprechend wird auch der, der bloß sein Facebookprofil bestücken will, nicht ein zufällig ausgewähltes Durchschnittsfoto nehmen, sondern das beste, das er aus der jüngeren oder älteren Vergangenheit von sich finden kann. Er will seine Schokoladenseite zeigen. Eine Optimalversion von sich, der er nur sehr, sehr selten oder vielleicht nur ein einziges Mal im Leben entsprochen hat. Der Eindruck, den er Unbekannten über das Internet von sich geben mag, ist also nicht repräsentativ, sondern gravierend positiv verzerrt. Umgekehrt werden seine eigenen Eindrücke verzerrt, weil andere genauso verfahren.

Niemand trägt eine unverzerrte Miniaturversion der Welt in seinem Bewusstsein. Selbst wenn Menschen nicht unentwegt an ihrer Außenwirkung feilen würden, wären ihre Vorstellungen von der Welt unausgewogen, weil sie nur von den unvollständigen und gegebenenfalls sehr einseitigen Informationen auf das Ganze schließen können. Die Frage kann nie sein ob, sondern immer nur wie stark Eindrücke verzerrt sind. Deshalb ist in Hinblick auf die Politik der Bereich wechselseitiger Meinungsmanipulation so besonders interessant und wirkmächtig.

Gesprächsteilnehmer haben Interessen, die sie durchsetzen wollen. In Diskussionen wirken sie aufeinander ein und geben Informationen mindestens so stark verzerrt weiter, wie diese es schon in ihren eigenen Gedanken sind. Beim Weitergeben werden die Verzerrungen weiter verzerrt, weil andere zum eigenen Vorteil beeinflusst werden sollen. Aufseiten der Zuhörer findet sodann eine weitere leichte Verzerrung statt, wenn sie das Gehörte verarbeiten. Wer fühlt sich da nicht ans Stille-Post-Spiel aus Kindertagen erinnert, auch wenn es hier ganz laut zugehen kann?

Mit empirischen Daten und Statistiken verhält es sich nicht viel anders als mit Fotos. Auch hier lassen sich Beispiele herauspicken, die nicht das Gesamtbild repräsentieren, sondern besondere Extreme oder eine Ausnahme der Regel darstellen.

So stelle man sich vor, dass zu einer Gruppe mit neunundvierzig normalgewichtigen Mitgliedern, die alle um die siebzig Kilogramm auf die Waage bringen, eine extrem übergewichtige Person stieße, die dreihundertsiebzig Kilo wöge. Das Durchschnittsgewicht in der fünfzigköpfigen Gruppe würde gerade mal auf sechsundsiebzig Kilo steigen. Was wäre aber, wenn zu einer Gruppe von neunundvierzig verarmten Obdachlosen Bill Gates stieße? Im Gruppendurchschnitt wäre daraufhin jeder von ihnen Milliardär. Milliardären braucht nicht geholfen zu werden – nicht wahr?

So können sich etwa Arbeitslosenstatistiken gravierend unterscheiden, je nachdem, ob „Langzeitarbeitslose“ berücksichtigt oder in andere Sozialversicherungsstatistiken verschoben werden, oder wie berufliche Selbständigkeit definiert wird. Armuts- und Reichtumsberichte können frisiert werden, je nachdem, welche sozioökonomischen Gesellschaftsschichten hinein- oder herausgerechnet werden, sodass sich Durchschnittswerte erheblich verändern. Auch eine dramatische Statistik abzuschwächen, indem unter irgendeinem Vorsatz ein Datensatz mittels eines Haufens irrelevanter Daten aufgebläht und somit verwässert wird, ist populär. So werden Menschen mal miteinander in einen Topf geschmissen und mal auseinanderdividiert. Unter Verweis darauf, dass die Spitzenverdiener einer Gruppe alle Männer seien, wird es schon mal verschwiegen, dass auch die Obdachlosen fast ausschließlich Männer sind, wenn Fraueninteressen vertreten werden. Fadenscheinige Gründe fürs Einbeziehen oder Rausrechnen bestimmter Daten in eine Gesamtmenge zu finden, gehört zu den häufigsten Trickserеien rund um Statistikauslegungen durch Politiker.

Politiker können Zahlen aus dem Ärmel schütteln. Sich anzuschauen, welche Berechnungen dahinterstehen, kann ein ums andere Mal höchst entlarvend sein.

Wer möchte schon Arzt sein, wenn ein Patient ihm auf den Hinweis, dass Rauchen Lungenkrebs verursache, erwidern würde, dass er dafür den perfekten Gegenbeweis hätte. Er würde jemanden kennen, einen Onkel einer Arbeitskollegin seines Schwagers, der wäre neunzig Jahre alt geworden, hätte sein Leben lang Kette geraucht und nie Krebs gehabt (Helmut Schmidt lässt grüßen). Neulich sei er beim Wandern gestorben, aber nicht wegen eines Herzinfarkts, sondern weil er zu schnell war und bergab gestürzt ist. Der Sohn der Chefin seines Briefträgers wäre wiederum letztens mit neunzehn an Lungenkrebs gestorben, obwohl er nie eine Zigarette angerührt hätte. Was soll ein Arzt da noch sagen, wenn jemand überwältigende empirische Daten ignoriert, weil er sich seine Vorstellung der Welt nur aus den Eindrücken zusammenbaut, die ihm gefallen oder ihn überhaupt erreichen?

Empirische Wissenschaft und Statistik werden umso aussagekräftiger, je größer die Zahl an Fällen und Faktoren ist, die betrachtet werden. Politiker dagegen suchen sich gerne Beispiele heraus, die ihre Argumentation stützen, auch wenn der Rest der Daten genau das Gegenteil besagt.

So wird pauschalisiert oder umgekehrt behauptet, dass man nicht verallgemeinern könne. Mal werden Klischees benutzt, um Angelegenheiten und Daten miteinander zu vermischen, manchmal wird über zusammenhängende Angelegenheiten gesagt, dass sie zu klischeehaft seien. Politiker überzeichnen oder untertreiben und sorgen so unter den Wählern für Verstärkung oder Verringerung von Aufmerksamkeit für dieses oder jenes Thema. Nur die Wirklichkeit wird nicht angemessen dargestellt. Um die wackelige Argumentation zu stützen, werden in Ermangelung von Fakten selbst falsche Aussagen so oft wiederholt, bis sie für wahr gehalten werden. Fakten werden entsprechend ignoriert und verschwiegen, selbst wenn sie hochrelevant sind. Fakten mag man nicht verändern können, aber den Glauben darüber, was für Fakten gehalten wird, den schon. Fakten werden zu Meinungen und Meinungen zu Fakten umgedeutet. Am Ende sind eben gerade keine Fakten ausschlaggebend, wenn nicht an sie geglaubt wird, sondern immer der Glaube.

Statistiken enthalten teils auch scheinbare Paradoxien. Ein schönes Beispiel dafür ist „Simpsons Paradox“. Mal ganz klischeehaft angenommen, dass von einer Gruppe aus einhundert Männern neunzig Maschinenbau und zehn Kunstgeschichte studieren, und aus einer Gruppe von einhundert Frauen neunzig Kunstgeschichte und zehn Maschinenbau. Angenommen weiter, dass im Examen in Kunstgeschichte alle zehn Männer eine Eins und alle neunzig Frauen eine Zwei schreiben. Dann hätten die Männer dort bessere Noten. Angenommen auch, dass in Maschinenbau alle neunzig Männer eine Drei und alle zehn Frauen eine Vier schreiben. Dann hätten die Männer auch dort bessere Noten. Insgesamt hätten aber die einhundert Frauen mit 2,2 die bessere Durchschnittsnote als die einhundert Männer mit 2,8. Warum? Weil

$(10 \times 1) + (90 \times 3) = 280 \rightarrow 280 \div 100 = 2{,}8$ für Männer, und

$(90 \times 2) + (10 \times 4) = 220 \rightarrow 220 \div 100 = 2{,}2$ für Frauen ergibt.

Wer Interessenpolitik für Frauen betreibt und durchsetzen möchte, dass Frauen die besseren Jobs bekommen, würde auf die Gesamtdurchschnittsnoten verweisen.

Wer Interessenpolitik für Frauen betreibt und durchsetzen möchte, dass Mädchen im Bildungssystem stärker gefördert werden, würde auf die nach Fächern getrennten Durchschnittsnoten verweisen.

Zeiten immer kürzerer Aufmerksamkeitsspannen sind auch die Zeiten, in denen mehr Informationen denn je verfügbar sind. Das erschlägt leicht. Informationen im Internet sind nicht nach Wichtigkeit sortiert, sondern jeder, der etwas einstellt, deklariert seinen Beitrag als besonders wichtig. Man wird rund um die Uhr mit angeblichen Zahlen, Daten und Fakten belagert, hat aber immer weniger Zeit für einen ausgewogenen und nachhaltigen Urteilsbildungsprozess. Konkurrenz um Aufmerksamkeit verstärkt die Reizüberflutung zusätzlich. Das erste Werbeschild und die erste Leuchtreklame im Ort kannte einst jeder, heute dringt kaum mehr eine noch so grelle Werbung zu einem durch. Wie sollte es da faktischen Informationen besser gelingen? Gab es früher zu wenig Daten, um sich ein Bild von der Welt zu machen, wird man heute von der schieren Masse erschlagen, verliert sich in Unübersichtlichkeit, kennt keine Verhältnismäßigkeit mehr und kann sich in einer einseitigen „Echokammer“ absentieren.

Zu allem Übel grätscht noch die menschliche Psychologie hinein. Denn Menschen unterstützen gerne die Argumente, an deren Ausrichtung sie bereits glauben. Sie werden intuitiv für überzeugender gehalten, so dass ihre Vertreter für Gegenargumente oft immun werden. Statistische und kognitive „Bias“ (Verzerrungen) verstärken einander also noch.

18. Freund-Feind-Linien definieren und umdefinieren

(Sag mir, wo die Guten sind)

Angenommen, es gäbe in Deutschland fünfmal so viele Schäferhunde wie Bullterrier. Angenommen auch, dass dreimal so häufig Menschen von Schäferhunden wie von Bullterriern gebissen würden. Und angenommen, es würde diskutiert, ob aufgrund der vielen Bissopfer die private Haltung einer besonders gefährlichen Hunderasse verboten werden sollte, sollten dann eher Schäferhunde oder eher Bullterrier für ein Verbot in Frage kommen? Mit einem Verbot welcher Rasse ließe sich die Bissstatistik effektiver senken? Schäferhunden? Würde man auf der Straße denn lieber einem fremden Schäferhund oder einem fremden Bullterrier begegnen? Von wem geht mehr Bissgefahr aus? Die Besitzer von Schäferhunden würden eher auf relative, die von Bullterriern auf absolute Bissstatistiken verweisen. Wie üblich, wenn man versucht Statistiken zu seinen Gunsten auszulegen. Natürlich ist es so, dass wenn es fünfmal so viele Schäferhunde wie Bullterrier, aber nur dreimal so viele Bisse durch Schäferhunde wie durch Bullterrier gäbe, ein Bullterrier wahrscheinlicher als ein Schäferhund beißt.

Schauen wir uns nun ein reales Beispiel an. Im Jahr 2016 gab es in den USA eine Kampagne unter dem Slogan „Black lives matter!“ Dadurch ausgelöst, dass über die Medien ein einseitiges Bild suggeriert worden war, wonach Afroamerikaner in dramatisch höherem Ausmaß Opfer von Polizeiwillkür wären als Weiße. Unterlegt wurde dies plakativerweise mit einer selektiven Zusammenstellung an Fällen, in denen insbesondere unbewaffnete und kooperierende Zielpersonen schwarzer Hautfarbe bei Verhaftungen erschossen und die Schüsse wiederum von weißen Polizisten abgegeben worden waren.

Tatsächliche empirische Daten besagen, dass absolut mehr weiße als schwarze, pro Kopf aber mehr schwarze als weiße Zielpersonen tödlich getroffene „Opfer“ von Polizisten werden. Es gibt dreimal so viele Weiße wie Schwarze in den USA, aber die Opfer von „police shootings“ sind „nur“ doppelt so oft weiß wie schwarz. Unterschiede die ganz eindeutig, aber zumindest nicht überwältigend sind. Opfer, von denen die meisten natürlich keineswegs unbewaffnet und unschuldig, sondern zunächst Täter waren. Als der Politiker Newt Gingrich im US-amerikanischen Präsidentschaftswahlkampf 2017 auf diese Unterscheidungen hinwies, war seine „Verharmlosung“ von vermeintlich oder mutmaßlich bestehendem strukturellen Rassismus in den USA tagelang dominierendes Medienthema.

Nun, natürlich hat man statistisch, wenn man einem Polizisten begegnet, als Afroamerikaner ein höheres Risiko erschossen zu werden als als Weißer. Dass man auch als Polizist möglicherweise ein höheres Risiko hat erschossen zu werden, wenn man einer afroamerikanischen statt einer weißen Zielperson entgegentritt, mag ein anderer Aspekt sein.

Was aufseiten von Kampagnenaktivisten derweil unentwegt verschwiegen wurde ist, dass in den USA über fünfundneunzig Prozent der Opfer in diesen Statistiken Männer sind.

Verhält die Gesellschaft sich vielleicht gar nicht so diskriminierend gegenüber afroamerikanischen Bürgern als vielmehr gegenüber Männern? Während sie weniger weiße Bürger als vielmehr Frauen privilegiert und das auch noch dramatisch? Und spricht man angesichts dieses eklatanten Missverhältnisses auch von Polizeiwillkür?

Der überragende Anteil der Streifenpolizisten ist männlich. Frauen sind unter ihnen sehr selten. Derweil ist lediglich der größere, keineswegs aber der überragende Anteil der Streifenpolizisten weiß. Schwarze sind seltener. Aus diesem Umstand ergibt sich, dass sich nur wenige Fälle finden lassen, in denen eine weibliche Polizeiperson eine männliche Zielperson erschoss, allerdings zahlreiche, in denen eine weiße Polizeiperson eine afroamerikanische Zielperson erschoss. Unter Polizeipersonen zahlreiche Frauen zu finden, denen sich scheinbar Sexismus unterstellen lässt, ist demnach schwierig, zahlreiche Weiße jedoch, denen sich scheinbar Rassismus unterstellen lässt, leichter. Solange absolute statt relative Zahlen betrachtet werden.

Medienberichterstattung neigt zudem dazu bei weiblichen Opfern häufiger von „Frauen", bei männlichen Opfern aber eher von „Personen" zu sprechen. Man stelle sich vor, bei schwarzen Opfern würde die Nennung ihrer Ethnie regelmäßig unterschlagen, bei weißen Opfern aber nachdrücklich darauf hingewiesen.

Kampagnenaktivisten verzerren nicht nur die öffentliche Wahrnehmung geschickt, sondern manipulieren auch gesellschaftsinterne Solidarisierung. So werden schwarze Männer gegen weiße Männer aufgehetzt, nicht aber Männer gegen Frauen. Weiße Männer werden aus der Opfergruppe, zu der sie als Männer gehören, heraus- und zur Tätergruppe hinzugerechnet. Gleichzeitig werden schwarze Frauen aus der Privilegiertengruppe herausgerechnet und in der öffentlichen Wahrnehmung zu Angehörigen der Opfergruppe umdefiniert. Immerhin – so ließe sich sagen – verbleiben die weißen Frauen in der Privilegiertengruppe, wenn es auch nicht so laut ausgesprochen wird. Weiße Frauen sind die privilegierteste und mächtigste aller Gruppen, die sich mittels einer Matrix aus Geschlecht und Ethnie abgrenzen lassen. Sie nutzen ihre Mittel aber immer hochgeschickt, um sich über die Ethnienschiene auf der Opferseite zu positionieren, weil der Glaube an Männerprivilegierung in jeder Gesellschaft erfolgreich propagiert wird.

Hier nun etwas einfache Mathematik zur Erläuterung der diesem Phänomen innewohnenden Logik.

Wenn es absolut 3-mal so viele weiße wie schwarze Bürger gibt, dann muss die absolute Anzahl der schwarzen Opfer mit 3 multipliziert werden, um einen Pro-Kopf-Vergleich vornehmen zu können. Aus 1 schwarzem Opfer, das absolut auf 2 weiße kommt, würden in relativer Betrachtung dann 3. 2 zu 3, oder 40 zu 60, oder 1 zu 1,5 – so lautet also der Unterschied. Als Schwarzer wird man gegenüber einem Weißen mit eineinhalbfacher Wahrscheinlichkeit von einem Polizisten erschossen. Derlei wird medial aber regelmäßig aufgebauscht.

Die Anteile von Frauen und Männern an der Bevölkerung sind hingegen bereits fast gleich, da auf 100 weibliche zirka 105 männliche Babys geboren werden. Wenn auf 5 erschossene Frauen 95 Männer kommen, beziehungsweise auf 1 Frau 19 Männer, dann ist die Wahrscheinlichkeit, von einem Polizisten erschossen zu werden, als Mann knapp zwanzigmal so hoch. Dies wird medial praktisch komplett verschwiegen.

Wie verändert sich der Beigeschmack einer Black-lives-matter-Kampagne nun angesichts der Vorstellung, dass man als weißer Mann, der mit zwanzigmal so hoher Wahrscheinlichkeit erschossen wird, sich von einer schwarzen Frau vorwerfen lassen muss, dass man rassistisch privilegiert wäre. Zumal, wenn sie mit empörtem Aufschrei reagiert, sobald man versucht den Fokus auf sexistische Privilegierung umzulenken. Und um den Finger gewickelte schwarze Männer, die eigentlich doch mit weißen Männern im selben Boot sitzen, pflichten ihr ebenso bei, wie absurderweise weiße Frauen.

Sexismus kann also vergleichbar diskriminierend sein wie Ethnozentrismus und Rassismus. Aber irgendwer hat immer davon profitiert, dass der Betrachtungsfokus von der einen auf die andere Diskriminierungsdimension verschoben wird. Ohne Profiteure gäbe es niemanden, der eine mathematisch so unhaltbare Problemverschiebung etablieren würde.

So werden Freund-Feind-Linien in Gesellschaft und Politik mal eben neu gezogen und die Leidenschaften, die Menschen angesichts empfundener Ungerechtigkeit entwickeln können, in verkehrte Kanäle geleitet. Das erinnert an die Technik eines Judoka, der die Kraft eines Angreifers auf diesen selbst zurücklenkt. Eigentliche Bösewichte stehlen sich so aus der Schusslinie und Opfer erscheinen als Täter.

Es hat sich gezeigt, wie Statistiken zunächst manipulativ bis zur kompletten Verzerrung falsch interpretiert werden und dadurch der künstlichen Spaltung gesellschaftlicher Gruppen zum eigenen Vorteil Vorschub geleistet wird. Diese pseudokonträren Gruppen werden so gegeneinander in Stellung gebracht, obwohl sie eigentlich dieselben Interessen verfolgen. Da die Menschen immer dazu tendieren, auf der „richtigen Seite" zu stehen, merken sie nicht, wie sie auf diese Weise manipuliert und zum reinen Stimmvieh degradiert werden. Nur wenn man es wirklich durchschaut, wie Sie (nun), werter Leser, dann gehören Sie wirklich zu einer echten, authentischen Gruppe – dummerweise werden Sie immer Teil einer Minderheit bleiben.

19. Heuhaufenvergrößerung

(It's all about Ablenkung)

In der Vergangenheit vermochte es ein Absolvent der „Harvard Law School", den Preis für die beste Masterthesis seines Jahrgangs zu gewinnen, indem er es geschafft hatte über dreihundert Seiten Allgemeiner Geschäftsbedingungen der Firma „Apple" auf zirka zwanzig Seiten zu kürzen, ohne dass deren juristischer Gehalt geändert worden wäre.

Wer als Einzelkaufmann oder Freiberufler versucht, sich eine berufliche Selbständigkeit aufzubauen, der muss gegenüber Kunden überzeugendere Argumente finden als wer eine alteingesessene Marke repräsentiert, die bereits mit Qualität assoziiert wird. Er sollte sich auch gut überlegen, wie umfangreich ein Vertragswerk sein sollte, wenn er nicht zu viele Kunden abschrecken möchte. Eine weltbekannte Marke sitzt hingegen „auf der kürzeren Seite des Marktes" und damit „am längeren Hebel", was bedeutet, dass viele, wenn nicht gar die meisten Kunden glauben, sie „müssten" deren Produkte kaufen, um nichts zu verpassen. Bei ihr ist es genau umgekehrt. Die

Marke profitiert vom Herdentrieb, der die Käufer ihrer Produkte glauben lässt, dass einem schon nichts passieren könne, wenn man umfangreiche Vertragsklauseln aus Zeitmangel ungelesen unterschreibt oder per Klick bestätigt, wenn auch Millionen anderer Leute es tun. In relativ verbraucherfreundlichen Markt- und Rechtssystemen gibt es wenigstens den Minimalschutz, dass Klauseln, die von Richtern in Rechtsstreitigkeiten als „überraschende" beurteilt werden, nicht wirksam sind. Die stete Geschwindigkeitszunahme in globalisierten Zeiten lässt vielfach gar nichts anderes mehr zu, als das Kleingedruckte großer Firmen einfach abzunicken.

Natürlich werden Vertragsbedingungen, die auf eine Seite passen, eher gelesen als solche, die sich über dreihundert Seiten erstrecken. Wer viel und schnell verkaufen und verhindern möchte, dass die Augen zu vieler Kunden an einer für sie nachteilhaften Klausel hängenbleiben, dem ist zu empfehlen den Umfang des zu Lesenden und zu Prüfenden einfach künstlich aufzublähen. Falls er es sich aufgrund seiner Marktmacht leisten kann. Wenn man also nicht möchte, dass die Nadel in einem Heuhaufen gefunden wird, karrt man am besten so viel Heu wie möglich an. Diese perfide Logik zeigt sich in mannigfacher Gestalt.

Wer in einem Rechtsstreit verhindern möchte, dass die Gegenseite vor einer zeitlichen Deadline, einem Ende einer Verjährungsfrist oder einem Gerichtstermin, auf ein unangenehmes Sachverhaltsdetail stößt, der produziert so viel Schriftverkehr, wie er nur kann. Die Gegenseite kann es sich nicht leisten diese Korrespondenz zu ignorieren, ganz gleich, wie viele Nebensächlichkeiten und Überflüssiges darin abgehandelt werden. Man formuliert Einreden und stellt aussichtslose Anträge auf die abwegigsten und unsinnigsten Dinge. Hauptsache Gegenpartei und Richter werden vom Wesentlichen abgelenkt. Je mehr geprüft werden muss, desto unwahrscheinlicher wird Kritisches entdeckt. Es gilt so viele „Fässer" aufzumachen und „Nebenkriegsschauplätze" zu eröffnen, wie sich finden lassen. Wer einen Baum verstecken möchte, der forste darum einen Wald auf.

Nicht nur in dicken Vertragspaketen werden die kritischsten Stellen, die ein Unterzeichner am besten gar nicht lesen soll, eher nach hinten, aber nie ganz ans Ende geschoben. Auch in mündlichen Verhandlungen werden zentrale Punkte häufig erst angesprochen, wenn ein Gesprächspartner schon ein paarmal gegähnt oder zur Uhr geschielt hat, hungrig wird, austreten muss oder eine Zigarette braucht. Genau dann ist die Chance am größten, dass er schnell noch etwas einfach durchwinkt. Pikante Fragen werden oft ganz peripher angesprochen, in einem Halb- oder Nebensatz versteckt oder halb verschluckt, und, wenn es keine Widerworte gibt, vom möglichst eigenen Schriftführer als explizit vereinbart ins Protokoll geschrieben. Währenddessen wird die Aufmerksamkeit des Gegenübers auf andere Aspekte gelenkt. Manch ein staatsexaminierter Rechtsverdreher hat seit Jahren in kein Gesetz mehr selbst hineingeschaut und wird nur dann und deshalb angeheuert, weil er Techniken beherrscht, wie in entscheidenden Momenten Wesentliches zwischen Unwesentlichem versteckt werden kann. Er vermag „Nebelbomben“ zu werfen.

Wenn man sich Arztgespräche und das viele Latein, das dort verwendet wird, in Erinnerung ruft, kann einleuchten, dass auch die Verwendung von möglichst viel Fachchinesisch eine ideale Ablenkungsmethode sein kann, mit der Eindruck geschunden, aber vom tatsächlichen Inhalt abgelenkt werden kann.

Ärzte lassen sich in Eins-zu-eins-Situationen durchaus noch darauf festlegen, doch verständlicher zu sprechen. Aber nicht jeder traut sich das. Bevor es sich unter Philosophen jemand zuzugeben traut, dass er einen altgriechischen Ausdruck oder ein Fremdwort nicht kennt, verschmerzt er es notgedrungen lieber, dass der Punkt in einer strittigen Diskussion an seinen Widersacher geht. Reputationsverlust erscheint schlimmer.

Unter Beobachtung stehende Politiker sind in diesem Sinne die besten Philosophen.

Dass jene Gesetze, über die Medien so wenig wie möglich berichten und Wähler so wenig wie möglich erfahren sollen, regelmäßig während der einschaltquotenträchtigsten Fußballländerspiele verabschiedet werden, ist inzwischen bekannt. Politiker haben überhaupt kein Interesse daran, dass man ihnen genau auf die Finger schaut oder versteht, was genau sie treiben. Darin sind sie sich alle einig.

„Politikwissenschaft" ist nicht umsonst eine absolute Mischdisziplin. Sie enthält einerseits philosophische Konzepte und soziologische Theorien und andererseits konkretes Wissen über ökonomische Mechanismen und Rechtssysteme, sowie Gruppen-, Massen- und allgemeine Sozialpsychologie, Kommunikationswissenschaft, Rhetorik und Marketingtechniken.

Vom Höhepunkt der Internetspekulationsblase im Frühling 2000 an stürzten die Weltbörsen kontinuierlich und gnadenlos ab, bis sie zirka ein Jahr nach 9/11 endgültig einen „Boden" gefunden hatten. Wer Mitte 2002 Nachrichten verfolgte, konnte erleben, wie noch mit gewissem Abstand vor den Bundestagswahlen innerhalb weniger Tage sämtliche schlechten Meldungen über den Zustand Deutschlands fast alle auf einmal über den Äther gingen. Die Steuerschätzungen von Bund, Ländern und Kommunen waren eingebrochen, die wichtigsten volkswirtschaftlichen Indikatoren verhießen Schreckliches und die Börse lag ohnehin am Boden. Eine Hiobsbotschaft jagte die nächste und musste Laien und Zartbesaitete beinahe glauben lassen, dass das Ende nahe sei. Dahinter steckte die gute alte Salamitaktik Niccolò Machiavellis. Alle schlechten Nachrichten sollten dem Volk auf einmal präsentiert werden, alle guten hingegen scheibchenweise. Was für eine Logik steckt dahinter? Nun, wenn man jemanden fragt, wie sehr er sich auf einer Skala von 1 bis 10 über eine schlechte Nachricht X aufregen würde und er „8" antwortet, dann sollte man ihn mit drei mit X vergleichbaren Nachrichten gleichzeitig konfrontieren, denn sein Ärger kann auf der Skala ja maximal 10 erreichen, beziehungsweise 100 Prozent, aber eben nicht 240. Umgekehrt gilt wiederum, dass sich jemand über einen einmaligen Geldsegen von 240 Dollar nicht dreimal so sehr freut, wie über dreimal 80 Dollar nacheinander. Optimalerweise tritt ein nächstes erfreuliches Ereignis immer erst dann ein, wenn die Freude über das letzte gerade abgeklungen ist.

Machiavelli liest sich im Original heutzutage etwas ungewohnt und sperrig, aber er entdeckte viele Mechanismen, die unverändert gelten, ganz ohne schon auf Kenntnisse aus Hirnforschung und Verhaltensbiologie zurückgreifen gekonnt zu haben.

Die eindeutigste Erkenntnis, die sich aus Geschichte ziehen lässt, ist die, dass Menschen aus Geschichte nichts lernen. Na ja, zumindest nur wenig.

Die Tricksereien in der Politik sind mannigfaltig und es können hier nur die wesentlichsten erwähnt werden.

Aber je mehr Einblick man gewinnt, desto klarer wird, dass es den Politikern kaum um Objektivität oder die Herstellung von Gerechtigkeit geht. Aber es gibt eine kleine Hoffnung: Anwendung wie Aufdeckung von Manipulationen waren wesentliche Treiber in der Evolution von Intelligenz. Und Evolution endet ja bis auf Weiteres nicht.

20. Gegenargumente als unzulässig etikettieren

(Außer mir vergleichen alle immer bloß Äpfel mit Birnen)

Dass sie „vor Gericht und auf hoher See in Gottes Hand“ seien gehört zu den außercurricularen Weisheiten, die Jurastudenten im ersten Semester lernen. Nicht alles steht so eindeutig in Gesetzen, dass vorher gewusst werden kann, wie Richter entscheiden werden. Auch abstrakte Gesetzesformulierungen legen Richter nach ihren persönlichen Auffassungen aus. Das können sie ganz unterschiedlich tun, weswegen Anwälte wenn möglich versuchen auf die Entscheidung Einfluss zu nehmen, wer in einem anstehenden Fall Richter wird oder etwa als Geschworener in der Jury sitzen soll. Mancherorts ist das vorab möglich. In Deutschland lassen sich gegen zugewiesene Richter zumindest Befangenheitsanträge stellen. Bereits so können schon Vorentscheidungen für ein späteres Gerichtsurteil fallen. Allerdings unterliegt auch ein und derselbe Richter Stimmungsschwankungen und variabler Tagesform, was ihn mal so und anderntags in einer fast identischen Angelegenheit wieder anders urteilen lässt. Hin und wieder gibt es über ein Gerichtsurteil öffentliche Empörung von vielen Seiten und gelegentlich sind sogar Richter mit ihren eigenen Entscheidungen in der Konsequenz unzufrieden, weil Verfahrensvorschriften so eng waren, dass sie im Sinne der Rechtsvorschriften, aber nicht ihrer eigenen Gerechtigkeitsauffassungen urteilen mussten. Die Aufrechterhaltung der Rechtsordnung geht aber vor individuellem Schicksal, wenngleich empörter öffentlicher Aufschrei individuelle Schicksale anprangert.

Der nachfolgende Fall ist einer US-amerikanischen Krimiserienepisode entnommen, aber durchaus realistisch:

Schon tagelang wurde ein Kind vermisst. Streifenpolizisten gingen ihrem Job daher mit höherer Wachsamkeit als sonst nach. Einen Autofahrer wegen Lappalien anzuhalten, damit wollte sich dieser Tage niemand aufhalten. Dennoch oder gerade deswegen kam es, dass ein überreizter Polizist seinen Kollegen dazu überredete, den Fahrer eines Lieferwagens anzuhalten, weil er in dessen Gesichtsmimik und Körpersprache eine Respektlosigkeit zu erkennen glaubte. Bedenken seines Kompagnons, dass doch gar kein Verkehrsverstoß vorliege und willkürliche Verkehrskontrollen nicht erlaubt seien, wischte er beiseite. Vom angehaltenen Fahrer, der hartnäckig nachfragte, aufgrund welchen Tatbestands er angehalten werde, fühlte der Polizist sich im Verlauf des Gespräches zunehmend provoziert, bis er auf der Suche nach etwas, was sich ihm anhängen ließe, entschied, das Fahrzeug genauestens zu inspizieren. Erstaunlicherweise fand sich auf der Ladefläche dann ein Kinderschuh mit Blutspuren daran. Es kam zur Verhaftung. Im weiteren Verlauf stellte sich heraus, dass es ein Schuh des vermissten Kindes war. Gegen Schluss der Fernsehepisode kam es allerdings zum Freispruch des Fahrers, obwohl er der Tat überführt werden konnte. Warum? Weil er gar nicht erst hätte angehalten werden dürfen, weswegen das Hauptbeweisstück, das dabei gefunden wurde, nicht als solches Verwendung finden durfte. Der Rechtsanwalt des Fahrers, der die Unzulässigkeit des Hauptbeweisstücks durchgesetzt hatte, wurde einerseits wegen seines professionellen Geschicks gefeiert, andererseits allerdings als Zyniker angeprangert. Die Episode endete damit, dass der Fahrer vom Vater des Opfers erschossen wurde. Die Zuschauer werden – wie es von einem guten Drehbuch erwartet wird – mit intensiven Emotionen zurückgelassen.

Einerseits sind solidarische Rachegelüste befriedigt, weil der Täter letztlich einer gerechten Strafe zugeführt wurde, die er verdient haben könnte. Andererseits verbleibt Empörung über Ungerechtigkeiten im Rechtssystem. Denn nun erwartete ja auch den Vater, mit dem das Fernsehpublikum sich solidarisch fühlte, eine langjährige Gefängnisstrafe.

Die Geschichte ist ein weniger außergewöhnlicher Einzelfall, als man annehmen mag. Der Fernsehfall zeigt exemplarisch, warum Rechtsbewusstsein zunehmend in den Fokus von Kognitionswissenschaftlern gerät. Wie kann es sein, dass ein Kapitalverbrecher laufengelassen wird, obwohl alle wissen, dass er der Täter ist – mag man fragen. Was geht in den Gehirnwindungen von Juristen eigentlich vor, wenn sie sklavisch an menschengemachten Vorschriften und Prinzipien festhalten, anstatt für ein korrektes Ergebnis zu sorgen?!

Das gleiche Prinzip, das der Verteidiger hier erfolgreich zur Anwendung brachte, zeigt sich in vielen gesellschaftlichen Diskursen. Was muss in eine Argumentationsführung einbezogen werden und was darf es nicht?! Darum wird gerungen.

Wenn Ärzte und Psychotherapeuten es schaffen, eine Täterdiagnose durchzusetzen, dernach jemand „krank" sei, weil er entweder ein emotionsloser Psychopath ist oder ein unentwegt auf der Kippe stehendes impulsives Pulverfass, dann muss sich mit unbequemen Gegenargumenten nicht auseinandergesetzt werden. Selbst mit bestechender Logik präsentierte Deutungen jenseits einer Pathologisierung können damit einfach ignoriert werden. In vielen normativen Diskussionen, also in Gesprächen in denen Individuen versuchen ihre subjektiven Wertesysteme als scheinbar objektiv und allgemeingültig durchzusetzen, geht es sogar in allererster Linie darum.

Inhaltliche Auseinandersetzung kann sich vermeiden lassen, wenn es gelingt, Gründe glaubhaft zu machen, weshalb jemand gar nicht erst angehört werden bräuchte. Dazu muss er in eine Schublade verfrachtet werden, die mit einem so starken normativen Etikett versehen ist, dass bei jeder seiner Wortmeldungen nur das normative Attribut, nicht aber seine inhaltlichen Äußerungen Gewicht erlangen. Exzentrikern mit ungewöhnlichen Gedanken und Ideen, mit denen der Mainstream wenig anfangen kann, oder individualistische Freigeister, die gegen Gehirnwäsche immun sind, kann es schnell passieren, mit der Unterstellung psychischer Defekte ins Abseits gestellt zu werden.

Falls es nicht klappt jemanden zu pathologisieren oder sonst wie als unqualifiziert abzustempeln, kann es aber auch mit der Diagnose zu hoher „Intelligenz" klappen. Zu behaupten, dass jemand gerade wegen seiner sehr hohen „Intelligenz" „gefährlich" sei, impliziert die steile Behauptung, dass Intelligenz die Urteilsfähigkeit nicht verbessere. Es brauche ja schließlich auch Intuition. Jeder der meint über eine gute Intuition zu verfügen, hört das gerne, wertet es doch seine eigene Urteilsfähigkeit scheinbar auf.

Auch beliebt ist es, „Hass" ins Spiel zu bringen, der „in dieser Gesellschaft keinen Platz" habe. Kein Mensch kommt mit Hass zur Welt. Hass entsteht. Über die gesellschaftlichen Ursachen, die Hass fördern, will aber niemand sprechen der in politischer Verantwortung steht. „Wutbürger“ sind nicht umsonst wütend. Und Wut macht keineswegs blinder, sondern oft rationaler und empfindsamer in der Wahrnehmung von Ungerechtigkeit. Gefüllte Bäuche und Zufriedenheit sorgen dagegen dafür, dass Ungerechtigkeiten schwächer oder gar nicht wahrgenommen werden. Zudem macht es ja auch weniger Sinn, wenn man von reduzierter Empathie und Ignoranz profitiert.

Wenn jemandem der Stempel „zynisch“, „biologistisch“, „reduktionistisch“, „rechts“ oder von menschenverachtendem „Gedankengut“ besessen aufgedrückt werden kann, lässt er sich nicht nur zum Schweigen bringen, sondern hinterlässt auch noch ein gutes Gefühl beim Urteilenden. Das liegt auch begründet in der seit frühester Kindheit verinnerlichten Denkfigur, dass Urteile in den Kategorien Gut und Böse von vorneherein mit richtig und falsch verknüpft sind, ohne, dass sie weiter geprüft werden müssten. Etwa von „Protestwählern“ zu sprechen, suggeriert oft erfolgreich, sich mit den Argumenten kleinerer Parteien nicht auseinandersetzen zu müssen. Je mehr Deutungsmacht jemand hat, desto leichter kann es ihm gelingen, seinen Widersachern auf solchem Weg das Wort zu entziehen. Wenn unbequeme Argumente von Widersachern sich von vorneherein wie von selbst erledigen, so dass nicht inhaltlich auf sie eingegangen werden muss, ist das natürlich erleichternd. Logisches und damit transparentes Begründen ist anstrengend. Darauf, Dritte davon zu überzeugen, bestimmte Argumente gar nicht erst zur Kenntnis zu nehmen, wird in gesellschaftlichen Diskussionen oft mehr Energie verwendet als darauf, besagte Argumente inhaltlich zu entkräften.

Gerissene Politiker meiden Auseinandersetzungen in denen Sie mangels logisch überzeugender Argumente nicht die Oberhand gewinnen können, indem sie versuchen, die Aufmerksamkeit vom Argument weg hin zur diffamierenden Etikettierung zu lenken. Das ist strategisch allemal geschickter als zu riskieren, dass von einer breiten Öffentlichkeit erkannt werden könnte, dass es an sachlicher Substanz fehlt.

Wo es Ärzte gibt, die vor einer Prüfung stehenden Studenten, blaumachenden Arbeitnehmern oder wie auch immer gearteten illegitimen „Leistungsempfängern" Gefälligkeitsatteste ausstellen, da ist auch damit zu rechnen, dass es karrieristische Ärzte gibt, die Angeklagte für „unzurechnungsfähig" erklären, weil ein karrieristischer Anwalt ihn mehr oder weniger direkt oder indirekt darum gebeten hat. Der Fall „Gustl Mollath", der mit absoluter Sicherheit kein Einzelfall ist, kann nahelegen, dass es karrieristische Ärzte gibt. Der Fall „Jörg Kachelmann" kann nahelegen, dass es karrieristische Staatsanwälte gibt. Menschen also, die nicht wenigen Berufspolitikern ähnlich, nicht davor zurückschrecken, aus persönlichen Profilierungsgründen und Bereicherungsinteressen die allgemeine Glaubwürdigkeit moralischer Werte und Rechtsnormen zu beschädigen. Daraus müsste folgen, dass den Aussagen von Spitzenpolitikern mehr als denen der meisten anderen zu misstrauen wäre.

Wahrheitshungrige Naturwissenschaftler etwa kennen keine Tabus und Redeverbote, wenn sie unter sich sind. Da sagt selten einer abwertend zum anderen, dass er „auf diesem Niveau" nicht diskutiere. Tabus existieren in aller Regel deshalb, weil jemand Vorteile davon hat, wenn über bestimmte Dinge nicht gesprochen wird, über sie keine Aufklärung stattfindet und Zusammenhänge intransparent bleiben. Wo Tabus und Redeverbote erhalten bleiben, beziehungsweise repressive soziale Normen, die sie stützen, dort geschieht das nicht selten gerade mit Appellen an Moral und mittels emotionaler Erpressung. Zu erreichen, dass jemand sich selbst für böse hält, wenn er es wagt, bestimmten Überlegungen nachzugehen, geschweige denn sie zu thematisieren, ist allemal wirkungsvoller als unverhohlene Einschüchterung.

Wer über unerschrockene Querdenker, die kluge Parallelen ziehen und clevere Analogien freilegen, sagt, dass sie „Äpfel mit Birnen" verglichen, dass was sie sagen zu weit hergeholt sei oder Dinge sich nicht so verallgemeinern ließen, der ist häufig lediglich selbst nicht in der Lage hinreichend abstrakt zu denken. Ob es stimmt, ist langfristig egal, denn es sind nur die Konsequenzen entscheidend.

Grundsätzlich gilt immer, dass wer in einer stärkeren gesellschaftlichen Machtposition ist, bei sachlichem Argumenteaustausch eher verlieren und wer Außenseiter ist, eher gewinnen kann. Ein außenstehender Beobachter muss zunächst regelmäßig davon ausgehen, dass von zwei Parteien mit unvereinbaren Argumenten jede mit fünfzigprozentiger Wahrscheinlichkeit recht hat. Wenn einer der Parteien bislang aber regelmäßig mehr als fünfzig Prozent eines Verteilungskuchens zufallen, dann sollte sie, wenn sie eine Regression zur Mitte vermeiden möchte, einem direkten Schlagabtausch aus dem Weg gehen. Wer in der stärkeren Position ist, hält sich so Ärger vom Hals. Deswegen diskutieren Volksparteien mit kleineren ungern auf Augenhöhe, sondern sorgen dafür, dass ihre Spitzenkandidaten bei Fernsehduellen unter sich bleiben. Darin, in Wahrheit lediglich um die Gunst zuschauender Dritter zu werben, liegt sehr häufig das eigentliche Ziel von Diskutanten, denn seinen Widersacher kann man ohnehin schwerlich umstimmen.

Meinungsfreiheit gerät immer wieder in Gefahr. Sie ist bereits dann nicht mehr gegeben, wenn Gegendemonstranten es clever finden, einfach so viel Krach zu machen, dass jemand nicht mehr gehört werden kann.

So lässt sich auch verhindern, dass kritische Gedanken überhaupt auch nur aufgenommen und geprüft werden können. Das ungebremste Trillerpfeifenkonzert ist so gesehen ein Missbrauch der Meinungsfreiheit im Rahmen einer Demonstration oder öffentlichen Rede, da es die von der Verfassung explizit geschützten Rechte der Opponenten unterläuft. Damit schließt sich ein Kreis. Meinungs- oder Pressefreiheit zur Volksverhetzung zu missbrauchen, ist ein Extrem, das weniger mit Überzeugung durch Argumente, als mit Macht durch Aufmerksamkeit zu tun hat.

21. Verschwörungstheoretiker wittern

(Geheime Weltregierungen und so …)

Auch wer zu Beginn des Internetbooms schon erwachsen war, kann sich dabei ertappen, dass er sich kaum noch vorzustellen vermag, dass es ein Leben davor gab. Woher hat man bloß seine Informationen bekommen? Es gab so viele interessante Dinge, die einem nur mit Glück per Mundpropaganda zu Ohr kamen. Man war aufs Hörensagen angewiesen. Es gab so viele Gerüchte und Angelegenheiten, die einem als Teil eines Geheimwissens vorkommen mussten, weil man sie nirgends nachschlagen konnte und niemanden kannte, der näher Bescheid wusste.

Auch von mutmaßlichen Verschwörungstheorien ließ sich gelegentlich hören. Es gäbe ja Leute, die glaubten dieses oder bezweifelten jenes, aber viel mehr war nicht zu recherchieren. Im Internetzeitalter gibt es nun ohne Ende Newsforen zu jedem erdenklichen Thema zu dem jede mit Computer oder Smartphone ausgestattete Person von jedem Ort der Welt einen Beitrag beisteuern kann. Freaks, die sich nie begegnet wären, können ihre neusten Informationen über noch so abwegige Spezialthemen austauschen.

Mitte der Neunzehnhundertneunzigerjahre, kurz vor Beginn der Massenverbreitung des Internets, kam der Film „JFK“ in die Kinos. Dessen Drehbuchautoren und Regisseure vertraten offenbar eine Auffassung über den Hergang des Attentats am US-Präsidenten John Kennedy, die von offiziellen Versionen abwich. Demnach sollen nicht nur von einer, sondern mindestens zwei Stellen aus Schüsse abgefeuert worden sein. Die Frequenz der Schüsse soll zudem kürzer gewesen sein, als es mit einer einzigen Waffe des verwendeten Typs möglich gewesen wäre. Wer den Film gesehen hat, kann nicht viel anders als mit dessen Version zu sympathisieren. Nur wenige verunglimpften seine Macher als Verschwörungstheoretiker, da die Darlegung der Fakten überzeugend schien.

Was sich hinsichtlich des Mordfalls JFK an Verschwörungstheorien entwickelt hatte, war allerdings harmlos gegen das, was nach dem Terroranschlag 9/11 folgen sollte.

Wessen Interesse angesprochen wird, der kann im Internet Unmengen an Bildern, Videos und schriftlichen Erläuterungen darüber finden, warum es aus architektonischen, ingenieurwissenschaftlichen und physikalischen Gründen angeblich nicht möglich sei, dass die Gebäude nur aufgrund der Flugzeuganschläge und des entstandenen Feuers oder zumindest in der erfolgten Art einstürzten. Von Brandbeschleunigern bis Bomben wird alles Erdenkliche diskutiert, was federführende Geheimdienste aus Vernebelungsgründen zusätzlich platziert haben könnten. In der Tat sind die beiden Türme wie bei einer sauberen Sprengung in sich zusammengefallen, ohne umzukippen. Einige äußerlich unversehrte Nebengebäude sind erst viele Stunden nach dem Anschlag eingestürzt, einen Sekundenbruchteil nach einem hellen Blitz, der auf manchen Videos zu sehen ist. Der Einsturz des Hauses „Nr. 7“ wurde sogar von einer Reporterin schon vor seinem Zusammensturz als zusammengestürzt bezeichnet. Wie sollten Laien, die nicht wissen, bis zu welcher Hitze Kerosin verbrennen kann und ab wann Stahl schmilzt, die Ereignisse nun bewerten, wenn einschlägig ausgebildete Leute sich nicht einig sind und alles Mögliche behaupten?!

Hochbeliebt ist auch die Idee, dass es eine geheime Weltregierung gäbe, bestehend aus den mächtigsten, finanzkräftigsten und bestvernetzten Personen, die im Hintergrund blieben und keinen Wert auf Ruhm und namentliche Erwähnung legten. Auf „Bilderberg-Konferenzen“ lassen sie demnach Experten antanzen und Reden halten, während sie im Publikum sitzen und nur zuhören. Und natürlich darf nicht fehlen, dass eine jüdische Familie namens „Rothschild“ hinter all dem stünde. Die hätten das Finanzsystem federführend aufgebaut und würden seine Lücken und Tücken geschickt nutzen, um unentwegt zu manipulieren und Menschen in Geschäftigkeit zu halten, damit sie keine Zeit zum Nachdenken und Reflektieren hätten. In ihrer spärlich bemessenen Freizeit sollen alle dem schnöden Mammon hinterherlaufen, denn Geld regiere die Welt. Es ginge also um Versklavung. Gleichzeitig besäßen diese Geheimzirkel auch die Macht über die Leitmedien, sodass sich Finanz- wie Ideologiemonopol in einer Hand befänden.

Selbstverständlich lassen sich auch Versionen über die Nazizeit finden, wonach es nicht Adolf Hitler gewesen sei, der Angriffskriege in ganz Europa angezettelt habe, sondern er als Opfer internationaler Intrigen zu seinen Handlungen gedrängt worden sei. Natürlich sollen auch hier US-amerikanische Juden dahintergestanden haben, denen die amerikanischen Leitmedien gehörten und die ihre Bevölkerung mit antideutscher Propaganda aufpeitschten, bis Deutschland weltpolitisch und diplomatisch isoliert war.

Sogar der Holocaust, bei dem sechs Millionen Menschen ermordet wurden, sei eine Lüge, lässt sich vielfach lesen.

Verschwörungstheorien sind attraktiv. Ein Großteil erfolgreichster Hollywoodproduktionen hat sie zum

Gegenstand. Perfidie fasziniert. Das kommt nicht von ungefähr. Intrigen haben die Weltgeschichte mit Sicherheit massiv beeinflusst. Und am besten waren jene, die bis heute nicht aufgeflogen sind. Wie auch viele Erfindungen nicht von dem ersonnen wurden, dessen Name dafür in den Geschichtsbüchern steht.

Tatsächlich sind Verschwörungen aber der Normalfall. Menschen verfolgen Ziele, privat wie beruflich. Um diese zu erreichen stecken sie regelmäßig ihre Köpfe zusammen und beratschlagen, wie sie dieses oder jenes Interesse, das sie teilen, durchsetzen könnten. Sie überlegen, wer dazu eingeweiht werden müsste, wer auf keinen Fall etwas erfahren dürfe, wer nur diesen und wer nur jenen Teil der Wahrheit erfahren und wem sogar die eine oder andere Schwindelei untergejubelt werden sollte. Unentwegt werden verdeckte taktische und strategische Aktionen ersonnen, um die eigentlichen Ziele zu verschleiern und Widersacher zu überrumpeln.

Verschwörungstheoretikern kommt in Gesellschaften eine wichtige Funktion zu. Sie sind ein tragender Teil des gesunden demokratischen Prinzips des Checks and Balances. Lauter skeptische Verschwörungstheoretiker, die alles hinterfragen, sind besser als umgekehrt eine ausnahmslos folgsame Masse, die allen offiziellen Verlautbarungen glaubt und sich von Autorität beeindrucken und von Charisma um den Finger wickeln lässt. Denn die Folgen blinden obrigkeitsstaatlichen Vertrauens können weitaus schlimmer sein, als was Verschwörungstheoretiker anrichten, wenn sie irren.

Ernstzunehmende „Verschwörungstheoretiker“ argumentieren oft strikt naturwissenschaftlich, ingenieurwissenschaftlich und damit logisch. Skeptiker machen sich differenzierte Gedanken. Sie neigen weniger zu Personenkult, dazu, Führern zu folgen und Propagandisten zu glauben. Wenn sie als namenlose Gesellschaftsmitglieder die unbezahlte Arbeit übernehmen, offizielle Theorien auf Mark und Nieren zu prüfen, ist dies unabhängig vom schlussendlichen Wahrheitsgehalt – nur jeweils eine Theorie kann ja richtig sein – ein nicht zu unterschätzender Beitrag zur Gewaltenkontrolle. Man kann ihnen eigentlich nur dankbar sein.

Dass Geschichte von Siegern geschrieben wird und Verlierer eine andere Version zu präsentieren hätten, ist nichts Neues. Wenn Regierungen und wohlwollend berichtende Journalisten, die sich gut aufeinander eingespielt haben, die Etablierung ihrer Versionen von Ereignissen forcieren, kann es nur gut sein, Verschwörungstheoretiker zu haben, die Zweifel anmelden. Sie sind sozusagen die Putzerfische der Demokratie.

Dass Regierungen und Leitmedien, aus deren Reden und Federn offizielle Versionen stammen, nicht gut auf Verschwörungstheoretiker und deren Alternativversionen zu sprechen sind, verwundert kaum. Deshalb wird reflexartig versucht sie lächerlich zu machen, sie als dubiose, ja gefährliche Gestalten zu diskreditieren, ohne sich mit den alternativen Argumenten eingehender zu beschäftigen. Der Fokus liegt eben auf der Beschädigung von Reputation und Glaubwürdigkeit der Kritiker.

Wenn jemandem unterstellt wird, Verschwörungstheoretikern nahezustehen, mit ihnen Umgang zu pflegen, oder selbst einer zu sein, führt das dazu, dass man in vielen Augen damit bereits mit einem Bein in der Psychiatrie steht. Es kommt einer ähnlichen Disqualifizierung gleich, wie jemanden als Populisten, testosterongesteuert oder gleich als krank zu bezeichnen. Es entlastet von inhaltlicher Auseinandersetzung mit den Argumenten des nun elegant stigmatisierten Opfers.

Umgekehrt ist es nicht reputationsschädigend Redakteur eines Leitmediums zu sein. Leitmedien haben allerdings viel von ihrem guten Ruf eingebüßt. Zu oft wurde und werden ihre Darstellungen für Experten sichtbar als Verbreitung von nicht mit journalistischen Standards vereinbare Halbwahrheiten entlarvt.

Nun sind aber die wenigsten Medienkonsumenten Experten. Im Gegenteil. Die meisten glauben noch an die Seriosität der Leitmedien. Aber wie lange noch? Und was dann?

In die Enge getriebene Tiere neigen zum Attackieren. Schließlich werfen „Lücken- und Lügenpresse" einerseits und Verschwörungstheoretiker andererseits einander unentwegt die Verbreitung von „Fake News“ vor, bis Wähler und Bürger nicht mehr wissen, was sie noch glauben können. Damit ist die Büchse der Pandora geöffnet, ein Prozess, der nicht nur im Mythos kaum umkehrbar ist.

22. Populismus unterstellen

(Plakativ sind immer die anderen)

Dem gängigsten Verständnis von Populismus entspricht es, wenn von in Wahrheit komplexen Angelegenheiten behauptet wird, dass es einfache Lösungen für sie gäbe. Und Populisten versuchen demnach sich selbst als diejenigen zu verkaufen, die am ehesten in der Lage wären die Dinge zu regeln.

Die meisten Menschen werden in ihrem Alltag täglich mit Problemen konfrontiert, für die sie adaptiv Lösungen suchen müssen. Für tiefe inhaltliche Reflexion von Sachverhalten, die jenseits der höchstpersönlichen Sphäre liegen, bleibt den meisten kaum Zeit. Und wenn sie die Zeit hätten, dann würde ihnen in der Regel noch das Hintergrundwissen dazu fehlen. Und selbst auf der Basis ausreichenden Wissens lässt sich schnell an intellektuelle Grenzen stoßen. Komplexes systematisches Denken ist zudem anstrengend. Das ist mit der menschlichen Neigung zu Komplexitätsreduktion eher nicht vereinbar. Denn Menschen sehnen sich nach Überschaubarkeit ihrer Umwelt. Insofern finden Populisten mit ihren vereinfachenden Parolen bei ihnen Gehör nach einem Prinzip, nach dem auch Reklame funktioniert. Populismus spricht zudem ihre Ängste an. Angst ist die empfänglichste Emotion des Menschen. Wer die Angst der Menschen zu aktivieren vermag, dringt am tiefsten in ihr Bewusstsein ein.

Wer zudem regelmäßig die Lacher auf seiner Seite hat und Dialoge mit wie aus der Pistole geschossen Scheinargumenten führen kann, ohne seinem Opponenten Zeit zum Nachdenken zu geben, der mag bei jenen an Ansehen verlieren, die inhaltlich verständig sind. Dafür gewinnt er aber bei jenen, die es nicht sind und oft genug die Mehrheit darstellen. Wem an Popularität gelegen ist, der sollte eher an seiner Schlagfertigkeit als an inhaltlicher Logik und Faktentreue seiner Dialogbeiträge feilen. Denn Schnelligkeit schlägt meist Nachhaltigkeit. Nur selten ist es umgekehrt. Schlagfertigkeit macht also interessant und attraktiv. Menschen mögen Populisten. Langatmige Besserwisser mögen sie nicht unbedingt und sachlich weit ausholenden Differenzierern kann man nicht stets geduldig folgen. Die wenigsten sind anspruchsvollen Diskurs gewohnt. Letztlich geht es den meisten nur darum, welcher aktive Debattenteilnehmer auf ihrer Seite steht und ihre Interessen vertritt. Schlagfertigkeit mag dabei durch Humor und rhetorisches Geschick gekennzeichnet sein, aber wahrheitsdienlich ist sie in der Regel nicht. Bei ihr geht es nur um den Triumph des Augenblicks. Populistische Rhetorik vermag keine Fakten zu ändern, sondern legt nur die Irrationalität menschlicher Kognition offen, wenn Glaube über Dinge sich in Abhängigkeit davon verändert, wie eingängig oder unterhaltsam sie präsentiert werden.

Politik mag durchaus an harte Arbeit anknüpfen, die hinter den Kulissen geleistet wird, wenn Konzepte erarbeitet werden. Aber öffentliche konzeptuelle Auseinandersetzungen zwischen Konkurrenten um Wählerstimmen arten zwangsläufig in populistische Schlagabtäusche aus. Weil Zuhörer weiten Teilen der Fragestellungen gar nicht folgen können. Weil ihre Aufmerksamkeits- und Aufnahmekapazitäten begrenzt sind.

Ein weiterer Trick populistischer Rhetorik ist es, vorzugsweise normativ statt deskriptiv zu argumentieren, also ein Urteil über Fakten zu stellen, statt die Fakten selbst wiederzugeben, sodass Zuhörer nicht selbst über sie urteilen können, Ihnen also das Urteilen abgenommen wird.

Populist ist oft auch der, der andere des Populismus beschuldigt. So werden politische Gegner selbst gerne des Populismus bezichtigt. Wer den anderen als erster als Populist etikettiert hat einen rhetorischen Vorteil, denn er zwingt den Gegner zur Rechtfertigung und Entkräftung des Populismusverdikts.

Natürlich kann es, wenn man mehrfach aggressiv Populismus unterstellt bekam, erst mal eine kluge Strategie sein, den Spieß umzudrehen und seinerseits auf den Populismus seiner Widersacher hinzuweisen. Wie beim modern gewordenen Fake News-Vorwurf weiß auch beim Populismusvorwurf bald kein Zuhörer mehr, was eigentlich wahr und wer seriös ist.

Wer die Impulse seiner Adressaten nicht zu aktivieren vermag, sie nicht lockt, ihnen keinerlei Entertainment bietet, ihre Neugier nicht wachhält und nicht um ihre persönliche Sympathie wirbt, sondern zu akademisch und sachlich-trocken referiert, von dem wenden „die Leute" sich mehr und mehr ab. Und weil das so ist, hat eine Staatsform, wie sie schon von „den alten Griechen" angedacht wurde, wonach die Regierung aus einem kleinen Zirkel der intelligentesten und weisesten Mitglieder der Gemeinschaft bestehen sollte, kaum eine Zukunft.

23. Identität

(Auf einem Auge sind wir immer blind)

„Identität“ ist ein Riesenthema. Schön, wenn Dinge identitätsstiftend sind, schrecklich, wenn Identitätsverlust erlitten wird. Menschen haben ein natürliches und dringendes Bedürfnis nach Identität. Sie brauchen eine Geschichte, die sie jederzeit in ihrem Bewusstsein abrufen und sich selbst erzählen können, darüber, wer sie sind, woher sie kommen, wo sie hingehören, zu wem sie dazugehören, was sie geprägt und geformt hat, welche Eigenschaften sie auszeichnen und was ihre Persönlichkeit und ihren Charakter ausmacht. Sie haben auch ein gravierendes Interesse daran zu erfahren, was andere bezüglich all dieser Dinge über sie glauben. Und sie schätzen ihrerseits andere unentwegt ein. Weil dazu aber meist nur wenig Zeit bleibt, verlassen sie sich oft auf Äußerlichkeiten und verwenden allerlei Heuristiken beziehungsweise „Faustformeln“ kurz Vor-Urteile. Sie projizieren Eigenschaften auf fremde Personen, die sie bereits an ihnen ähnlich vorkommenden Personen kennengelernt haben. Psychologen sprechen von „Übertragung". Aber wehe, jemand anderes hat ihnen gegenüber ein Vorurteil.

Gruppenidentität lässt sich als ein soziales Bewusstsein verstehen. Soziale Zugehörigkeit – eigene und die anderer – gibt Orientierung. Rechte definieren Gruppenzugehörigkeit nicht selten anhand von eindeutigen Körpermerkmalen und Familien- und Volkszugehörigkeit. Linke definieren „Heimat" eher nach Ideen und Ideologien. Identitätsstiftend kann auch ein Zusammengehörigkeitsgefühl als Teil der Wählerschaft einer politischen Partei sein. Dann ist jemand Stammwähler, ohne vor jeder Wahl auf Veränderungen in Partei- und Wahlprogramm zu schauen. Gemessen an der Wichtigkeit der Wahlentscheidung lesen ausgesprochen wenige Wähler Wahl- und Parteiprogramme, obwohl sie im Internetzeitalter nur drei Mausklicks entfernt zu finden sind und ihre Lektüre nur wenige Minuten erfordert.

Parteizugehörigkeitsgefühle unterscheiden sich angesichts der oberflächlichen Kriterien, anhand derer sie zünden, insofern gar nicht so sehr von Gefühlen, die Marken entgegenbracht werden. Auch mit Emblemen, Wappen, Fahnen und Farben werden Gefühle assoziiert. So wird sich mit der Geschichte von Völkern identifiziert oder mit an Vordenkern und Philosophen festgemachter Ideengeschichte. Im letzteren Fall bezeichnen Menschen sich als „…isten", „…ogen" oder

„…ianer", also beispielsweise Existenzialisten, Deontologen oder Hegelianer.

Gerade viele Linke verstehen sich häufig selbst als Idealisten. Für andere sind sie in eher abfälligem Sinne „Gutmenschen". Linkssein ist im Regelfall verbunden mit der Überzeugung, ein weit überdurchschnittlich „guter" Mensch zu sein. Gerecht, empathisch und rücksichtsvoll – häufig nicht erkennend, dass man es nur gegenüber Gleichgesinnten ist, nicht aber gegenüber Andersdenkenden. Wer sich für den besseren Menschen hält, für den sind Andersdenkende natürlich die schlechteren. Eine solche oft mit dem Etikett des Humanismus segelnde Ideologie führt so natürlich in Paradoxien. Moralische Überlegenheitsgefühle haben Linke mit religiösen Konservativen gemeinsam. Schuldgefühle sind eine wichtige Währung. Linker Faschismus wird ausgeblendet und linke „Führer" werden einseitig verherrlicht. Rechter Faschismus wird oft auf alle Feinde der eigenen Denkungsart projiziert. Der Vorwurf gegen Linke, häufig die „Faschismuskeule" zur Durchsetzung ihrer Interessen zu nutzen, entbehrt nicht selten einer gewissen Berechtigung.

Während vor allem deutsche Rechte und Konservative sich vor der steten Erinnerung an die Schrecken nationalsozialistischer Herrschaft und der damit verbundenen Strategie, die Glut des ewigen Schuldgefühls nicht erlöschen zu lassen, verwahren wollen, erneuern zeitgenössische Linke das Feuer der emotionalen Erpressbarkeit fortwährend. Natürlich haben Weckung und Wachhaltung von Schuldgefühlen, soweit sie über sachliche Geschichtserinnerung hinausgehen, genau den Hintergrund, dass bis in alle Ewigkeiten geglaubt werden soll, dass etwas gutzumachen sei.

Wie bei historischen Schuldfragen stellen Schuldgefühle in vielen zwischenmenschlichen Beziehungen ein Kapital dar, mit dem versucht wird, so lange wie möglich Vorteile zu schöpfen. Das sollte man bei der Beurteilung von (politischen) Forderungen immer im Hinterkopf behalten. Wer hier Missbrauch begeht untergräbt selbstredend eine verantwortungsbewusste Erinnerungskultur.

Vor diesem Hintergrund ist es also eine perfide Strategie, den politischen Gegner als rechts zu denunzieren und ihn damit vermeintlicherweise aus der Arena demokratischer Legitimität zu drängen. Umgekehrt funktioniert das erstaunlicherweise nicht so gut, obwohl doch Stalinismus, Maoismus und Co. sich in puncto Brutalität und Menschenverachtung eher graduell als systematisch vom Nationalsozialismus unterscheiden. Im einen System waren die Opfer Opfer des Rassismus und der Willkür, im anderen der Wertlosigkeit des Individuums und der Willkür. Aber mit links wird dennoch gerne Altruismus und Menschlichkeit assoziiert.

Doch auch die Manipulationsstrategien von Konservativen und Rechten können sehr unangenehm sein. Konservative haben sich schon immer gerne auf Religion berufen, aus deren „Weisheiten" sie die Maximen ihres Handelns ableiten. Verantwortung für fragwürdiges eigenes Handeln wird also geschickterweise an höhere Instanzen delegiert, deren Existenz nicht beweisbar ist. Allenthalben fußen rechte Begründungsstrategien auf Autorität. Rechte polemisieren gerne mit Vorwürfen der Illoyalität zur oder gar des Verrats der eigenen Gruppe, sowie der Undankbarkeit gegenüber älteren Generationen. Beide, Konservative wie Rechte, appellieren gerne an „Tugenden", worunter in Deutschland klassischerweise Fleiß, Pünktlichkeit und Disziplin subsumiert wurden. Konservative und rechte Werte haben in Deutschland aber spätestens seit Helmut Kohl, der sich vermeintlich noch an einer „geistig-moralischen Wende" versuchte, beschleunigte Entwertung erfahren. Eine Trendumkehr dürfte auch hier irgendwann wieder einkehren. Dann wandert der Zeitgeist wieder in anderer Richtung. Zur Entzückung der einen und zum Entsetzen der anderen.

24. Unterwanderung

(Mal eben die Socken umstülpen)

Gerne unter seinesgleichen zu sein ist nichts Ungewöhnliches. Menschen sitzen lieber mit anderen Menschen am Esstisch als mit Schimpansen. Dafür, mit wem sie ihr Nachtlager teilen, gilt Gleiches. Zahlreiche Menschen begeben sich nicht nur mit Angehörigen derselben Spezies, sondern sogar bestimmter Ethnien lieber zu Tisch oder ins Bett als mit anderen. Im Laufe kognitiver Evolution entlang ihres Abstammungspfads diskriminierten Menschen aber immer weniger in Hinblick auf unmittelbar körperliche als auf intellektuelle und später auch auf weltanschauliche Homogenität und gemeinsame Werteordnungen. Gelegentlich mag es inspirierend sein, sich mit Andersdenkenden zu treffen und zu unterhalten, aber mehr Zeit verbringen die meisten Leute lieber mit ihnen ähnlichen Zeitgenossen. Engste Bezugspersonen werden „Freunde" genannt. Sie werden extrem positiv diskriminiert, während an andere gar keine Zeit und Aufmerksamkeit verschwendet wird.

Geteilte Merkmale können die Basis zur Gründung von Vereinen oder exklusiven Zirkeln abgeben. Manche Vereine lösen sich wieder auf, etwa, weil sie erfolglos bleiben oder ihr Zweck entfällt. Andere sind erfolgreich. Erfolglosen Klubs will niemand beitreten. Erfolgreiche Klubs wecken hingegen Begehrlichkeiten und stellen bald eine Zunahme an Aufnahmeanträgen fest. Wer in einen erfolgreichen Klub aufgenommen wird fühlt sich umso elitärer, je diskriminierender die Einlasskriterien sind. Wessen Zulassung abgelehnt wird, dem fallen in der Folgezeit mehr und mehr Gründe ein, warum der Klub eigentlich ziemlich albern sei und aus Selbstüberschätzern bestehe, die sich irrtümlicherweise „für etwas Besseres" hielten. Es gibt Klubs für Reiche, Klubs für Hochintelligente, Klubs für Absolventen von Eliteuniversitäten und vieles mehr.

Es gibt auch sehr homogene Klubs, bei denen Mitglieder sehr ähnliche normative, ideologische, politische oder spirituelle Auffassungen und Weltanschauungen vertreten, bis hin zu einem beinahe oder tatsächlich uniformen Kleidungsstil. Gleichwohl sind Klubmitglieder nie Klone, sondern haben in Detailfragen durchaus unterschiedliche Präferenzen. Neue Mitglieder in die höchsten Gremien einzulassen, bedeutet sodann immer auch einer Verminderung der eigenen Macht zuzustimmen, denn das Neumitglied wird beim nächsten Mitgliedereinlass schon mitentscheiden und dabei seine gegebenenfalls abweichenden Prioritäten einbringen. Sich bei der Einschätzung einer sich um Aufnahme bewerbenden Person zu vertun kann insofern eine erste Schleusenöffnung für weitere und sich noch stärker unterscheidende Neumitglieder bedeuten. Der Anfang vom Ende sozusagen. Bis man mit seinesgleichen irgendwann in der Minderheit ist, keine ähnlichen Leute mehr anziehen kann, seine Macht schließlich ganz und gar an solche verliert, die einmal draußen standen, und schlimmstenfalls selbst rausgedrängt wird. So kann sich aus einer schleichenden Unterwanderung eine Kaperung ergeben, die bis zu faktischer materieller Enteignung und kompletter ideologischer Aushöhlung führen kann.

Von Frauen wird häufig angeführt, dass DAX-Vorstände überwiegend noch exklusive Männerklubs seien, nicht erwähnend, dass deren gemeinsames Geschlecht nur eines von mehreren Merkmalen ist. Weitere exklusive Merkmale versperren davon abweichenden Männern ebenso den Zugang. Auch Hochschullehrstuhlinhaber sind zweifelsohne solche Zirkel. Wen sie sich habilitieren lassen und als einen der ihren ins Professorenkollegium aufnehmen, wird dort genauestens überlegt.

Auch Spitzengremien politischer Parteien durchleuchten Neumitglieder genau. Wer keinem Netzwerk zuzuordnen ist, keinen Rückhalt hat, den Stallgeruch vermissen lässt, in zahlreichen Aspekten exzentrisch oder zumindest auffällig ist und so weiter, dem wird

Misstrauen entgegengebracht und dem bleiben nach oben hin mehr und mehr Türen verschlossen. Wer weiblich statt männlich, evangelisch statt katholisch, ost- statt westdeutsch und kinderlos statt kindergesegnet oder gerade nicht ist, der fällt je nach Kontext auf. Zweifellos sind Verkettungen ungewöhnlicher Umstände sowie mehrere Fehlein- und hartnäckige Unterschätzungen erforderlich, um eine solche Person entgegen aller Zweifel an die Parteispitze durchmarschieren zu lassen. Wenn diese Person im weiteren Verlauf loyale Gefolgsleute nachzieht, die wiederum gewisse Ähnlichkeiten mit ihr aufweisen, dann können sich Gesicht und Identität einer Partei massiv ändern, bis sie für manchen nicht wiederzuerkennen ist. Aus Sicht des neuen Spitzenpersonals und der neuerschlossenen Wählersegmente entspricht das in der retrospektiven Betrachtung einer positiven Entwicklung – wie das immer so ist, wenn Siegende auf den Vergangenheitsverlauf zurückblicken.

Man muss kein Schelm sein um Parallelen zu Angela Merkels Aufstieg in der CDU zu sehen, ja sie geradezu als Prototyp einer perfekten Unterwanderung zu erkennen.

Wer als Wähler nun gelegentlich zu lesen bekommt, dass die CDU eine modernisierte Partei sei, der muss diese Darstellung nicht teilen. Modern bezeichnet letztlich immer nur das, was gerade erfolgreich ist. Bei weitester Auslegung also alles, was noch nicht ausgestorben ist. Erfolg bedeutet aber mitnichten, dass etwas moralisch beziehungsweise normativ besser als etwas Anderes ist. Im Gegenteil. Gerade Linke müssten dem zustimmen. Tatsache ist, dass die CDU heute eine gänzlich andere Partei als dreißig Jahre zuvor ist. Sie hat sich erheblich mehr verändert als die Erzrivalin SPD, obwohl dieser seither die PDS respektive LINKE im Nacken sitzt und sich an ihr ihr Profil schärft. Dass eine Unterwanderungsstrategie allerdings auch zu erfolgreich sein kann, das ist mit dem Niedergang Angela Merkels auf Raten zu erleben, die jene vernachlässigte, deren Unterstützung sie sich mit am sichersten fühlte, bis diese eine neue Partei gründeten und zu erbitterten Gegnern und Konkurrenten im Parteienwettstreit wurden.

25. Ideenklau

(Profilschärfung politischer Gegner sabotieren)

Sieben Jahrzehnte nach der Gründung der Bundesrepublik Deutschland geht es nicht mehr darum, ob der Weg in eine kommunistische oder in eine radikalliberale Gesellschaft eingeschlagen werden soll oder wo zwischen den Extremen der Staat im Spektrum anzusiedeln sei. Nach sieben Jahrzehnten ohne Krieg und Revolution haben formale wie informelle Strukturen in einem Staat eine erhebliche Komplexität erreicht, an deren Veränderung jene, die am effektivsten verändern könnten, am wenigsten Interesse haben. Es geht nur noch um kleine Veränderungen. Löcher stopfen, eine kleine Modifikation hier, etwas anbauen dort. Einmal in Kraft getreten werden Gesetze selten wieder abgeschafft. Ihre Anzahl wächst unentwegt. Stört eines, wird eher ein weiteres geschaffen, welches allerhand Ausnahmen formuliert oder einen höheren Rang hat, als dass ein anderes Gesetz abgeschafft wird. So gilt im Bundesland Hessen etwa tatsächlich noch immer die Todesstrafe, da aber die Bundesverfassung ihre Anwendung untersagt, ist das wirkungslos.

Der Parteienwettbewerb findet in immer nebensächlicheren Detailfragen statt. Es geht nicht mehr um Lagerwahlkämpfe. Politische Fragen sind immer weniger grundsätzlicher Natur. So kommt es sehr häufig vor, dass ein Gesetzesentwurf, den eine Partei sich ausgedacht hat, genauso gut von einer anderen Partei stammen könnte. Zunehmend lässt sich der Eindruck gewinnen, dass sich einst spinnefeind gesonnene Parteien bald aufs Haar gleichen. Aber nur fast.

Hier liegen niederträchtige Möglichkeiten, von denen gerade die größte Regierungspartei am einfachsten Gebrauch machen kann. Sie kann sich allerlei Gesetzesentwürfe, die von politischen Gegnern in Parlamente eingebracht werden, genauestens anschauen, und sie, wenn sie zur Abstimmung gestellt werden, mit ihrer Mehrheit erst mal abschmettern. Für die Nachrichtenmedien wird sich einer verschwurbelten Rhetorik bedient, warum der Gesetzesentwurf in dieser Form so nicht ausreichend, geschweige denn akzeptabel gewesen sei. Dann pickt sie sich die inhaltlichen Rosinen heraus und formuliert wesentliche Teile einfach um, um es in neuen Schläuchen als eigenen Wein zu verkaufen. Der wird mit parlamentarischer Mehrheit sodann erfolgreich durchs Parlament gebracht. Für Oppositionsparteien ist das frustrierend bis zermürbend. Sie dürfen sich abermals wie der Hase fühlen, der unentwegt feststellen muss, dass der Igel schon vor ihm da ist. Der Schluss daraus, dass es Parteien in saturierten Zeiten mehr um Machterhalt und -ausweitung als um die Erreichung von gesellschaftlichen Zielen geht, lässt sich schwerlich von der Hand weisen.

Künstler kennen das bisweilen, wenn ihnen gestohlen wurde, was sie als ihr intellektuelles Eigentum betrachten. Eine Melodie, eine Idee zu einem Buch, ein als „App“ gedachter Softwareentwurf. Als Opposition eine Regierung auf Copyrightverletzung zu verklagen, weil sie ein Gesetz durchgesetzt hat, dessen Inhalte eigenen Ideen gleichen, klappt nicht. Sich öffentlich zu beschweren und Journalisten zu bitten, ihren Lesern zu erklären, dass der Ruhm nicht der Regierungspartei, sondern einem selbst gelten sollte, ist keine aussichtsreiche Taktik. Wähler führen nicht vier Jahre lang eine Punkteliste, wie Ringrichter es zwölf Runden lang tun. Wähler hören auf ihr Bauchgefühl. Sein Gefühl mag indirekt von bestehenden Gesetzeslagen abhängen, aber ein Bauch recherchiert nicht investigativ, welches Gesetz in der Vergangenheit von welcher Partei initiiert wurde. Eher fragt er sich, warum er noch diese oder jene Unzufriedenheit empfindet. Aber wenn die nicht so groß ist, dann will er im Zweifel gerne, dass alles beim Alten bleibt. Ein schöner Spruch in diesem Zusammenhang in einem Cartoon von Bernd Zeller lautet: „Ist doch ganz gleich, was wir wählen, es ändert sich ja doch alles."

Vom Gegner lernen, indem man sich die Filetstücke aus dessen Fähigkeitenportfolio genauestens anschaut, kopiert und selbst nutzt, machen Menschen seitdem sie schlussfolgernd denken können. Warum sollten nicht auch politische Parteien so handeln?

Regierende Parteien, beziehungsweise in Koalitionen der Seniorpartner, der den Regierungschef stellt, können aus ihrer größeren Handlungsfähigkeit gegenüber Oppositionsparteien oder Juniorpartnern entscheidendes Kapital schlagen. Noch mehr als auf Basis mündlicher Wahlkampfversprechen für die nächste Legislaturperiode werden Wahlentscheidungen auf Basis von Bauchgefühlen getroffen, die auf bereits beobachtetem und vergangenem Politikgeschehen gründen.

Denn besonders sinnliche Eindrücke prägen. Auf roten Teppichen durch Hauptstädte der Welt spazieren, präsidial auftreten und beim Handshake mit anderen Regierungsoberhäuptern eine gute, womöglich sogar bessere Figur zu machen, ist einem Oppositionsführer nicht vergönnt. Auch wird es einer linken Oppositionspartei schwerfallen, sich darüber zu beschweren, wenn eine Regierung kurz vor einer Wahl schnell noch publikumswirksam ein soziales Umverteilungsgesetz durchsetzt. Das Gleiche gilt für rechte oder konservative Parteien gegenüber dem Regierungschef, der plötzlich doch noch „eine härtere Gangart" gegen kriminelle Ausländer ankündigt und gleich mal ein paar abgelehnte Asylanten abschiebt.

Nicht jeder Wähler durchschaut die wahren Motive hinter diesen Strategien, ja nicht einmal, dass es sich dabei um Strategien und nicht um echte Überzeugungen handelt.

26. Basta!

(Eine Volkspartei macht sich zum Souverän)

Der FDP hing lange der Ruf einer „Funktionspartei" an. Nach Gründung der Bundesrepublik Deutschland etablierte sie sich zwischen den zwei großen entstandenen Volksparteien als dritte, wenn auch erheblich kleinere Kraft im Bundestag. Und wenn es, wie allermeistens, für keine der beiden großen zu einer absoluten Mehrheit reichte, hing von ihr und ihrer Koalitionsentscheidung ab, welche der beiden Volksparteien regieren und den Bundeskanzler stellen konnte. Zwar gab es auch Episoden mit Großer Koalition, während dieser mussten die beiden Volksparteien die Ministerposten aber hälftig untereinander aufteilen, was keine von ihnen begeisterte. Von den vielen faulen Kompromissen und davon, dass jede von ihnen in zirka der Hälfte der Angelegenheiten dem Vorschlag des Koalitionspartners den Vortritt geben musste, ganz abgesehen. Natürlich wollten die beiden Großen daher lieber mit der FDP koalieren. Dann mussten sie nur eine Handvoll Ministerposten abtreten und konnten zu drei Vierteln ihre Agenda durchsetzen. Der FDP bescherte das eine überproportional große Macht. Konnte sie die beiden Volksparteien doch bis zu deren absoluter Schmerzgrenze gegeneinander ausspielen und weit mehr Einfluss auf den Koalitionsvertrag ausüben, als es ihre Bundestagsfraktionsgröße hergegeben hätte. Eine Win-win-Situation für beide Koalitionspartner, wobei der größte relative Gewinner regelmäßig die FDP war. Ein gutes Beispiel dafür, dass Macht nicht von absoluten Größen abhängen muss, sondern von Konstellationen abhängen kann, die auch sehr komplex sein können. Wenn große und starke Widersacher einander neutralisieren, kann das an eine mathematische Gleichung erinnern, aus der sich große Zahlenkolonnen auf beiden Seiten des Gleichheitszeichens gegeneinander kürzen lassen. Wer es geschickt anstellt, kann sich als kleinster gemeinsamer Nenner vieler Beteiligter profilieren. Die Partei, die gegenüber einem deutlich größeren Partner nur einen kleineren Teil ihrer Forderungen geltend machen kann, diesem aber derweil das Durchsetzen des Großteils seiner Ziele ermöglicht, kann sich natürlich den Ruf einer opportunistischen Partei einhandeln, der Macht vor Inhalt geht. Wer weiß, ob der bereits einmal gescheiterte Bundeskanzlerkandidat von 1976, Helmut Kohl, ohne den Schwenk der FDP inmitten einer Legislaturperiode hin zu seiner Partei, jemals Bundeskanzler geworden wäre.

Auch für die FDP hat sich mit der Wiedervereinigung, dem damit verbundenen Hinzustoßen der PDS zur Parteienlandschaft und siebzehn Millionen demokratieunerfahrenen Staatsbürgern und Wählern vieles verändert. Bald dreißig Jahre nach dem Mauerfall ist aber ausgerechnet die CDU die Partei, die sich seither am stärksten verändert hat. Clever umgebaut von einer hochintelligenten Person, die als Quereinsteigerin und Quasipraktikantin an der Seite Helmut Kohls einen Crashkurs „on the Job" in Machtpolitik absolvierte, alle erdenklichen politischen Tricks aufsog und ihre Anwendung optimiert hat. Trotz Abwesenheit einer marginalisierten und aus zahlreichen Landesparlamenten und ab 2013 auch aus dem Bundestag vertriebenen FDP, sowie trotz „linker Mehrheiten" in einigen Parlamenten, saß Angela Merkel als Bundeskanzlerin in ihrer dritten Amtszeit fester im Sattel als jemals zuvor.

Die Bundeskanzlerin weiß die Zerstrittenheit der linken Parteien für sich zu nutzen, indem sie keinen Keil auslässt, der sich zwischen sie treiben lässt. So sorgt sie fortwährend dafür, dass die „LINKE" weiterhin als inakzeptable Koalitionspartei gilt und die SPD sich eine Zusammenarbeit mit ihr auf Bundesebene nicht leisten zu können glaubt. Zudem fördert sie die Annäherung zwischen den GRÜNEN und ihrer eigenen Partei.

Daraus, dass ihr selbst in Abwesenheit der FDP als Koalitionspartner nur die SPD bleibt, sodass zirka die

Hälfte der Ministerposten abgetreten werden muss, macht Merkel das strategisch Geschickteste. Indem die zweite Volkspartei Koalitionspartner statt Oppositionsführer ist, entfällt gewichtige, vernehmbare Kritik. Als Koalitionspartner muss der eigentliche politische Gegner ihre Politik mittragen. Dessen Erfolge kann sie wiederum als Erfolge der Regierungskoalition verkaufen. Dabei ist Ideenklau nicht mal notwendig. Die SPD lässt das mit sich machen, weil in ihr eben doch genug einflussreiche Personen an der Spitze stehen, die auf Ministerposten schielen, sowie auch in der zweiten und dritten Reihe Leute warten, um aufzurücken. Zusammen hat man rund zwei Drittel der Bundestagsmandate. Auf dieser Basis lässt sich mit einer enorm stabilen Mehrheit regieren, ohne dass jemals ernstlich eine Gefahr bestünde, dass zu viele Abweichler in den eigenen Reihen etwas sabotieren könnten. Politische Auseinandersetzung wird so vom Parlament in die Hinterzimmer verlagert, in denen die Spitzenpolitiker beider Koalitionspartner unter sich verhandeln können. Öffentlich ausgetragene Kontroversen entfallen. Um die Regierungskoalition nicht zu stark zu belasten oder gar zu gefährden müssen Minister des Juniorpartners sich mit Häme und Vorwürfen zurückhalten, wenn die Bundeskanzlerin etwas Zweifelhaftes tut.

Innerhalb der eigenen Partei hat Merkel seit ihrem Amtsantritt als CDU-Parteichefin dafür gesorgt, dass nicht nur der Andenpakt marginalisiert wurde, sondern, dass es gar keine Kronprinzen und keine potenziellen Königsmörder gibt. Stattdessen hat sie dafür Sorge getragen, dass die wichtigsten Stellen mit loyalen Gefolgsleuten besetzt wurden. Nach ihrer Inauguration in die Spitzengremien der Partei hat sie deren Unterwanderung aktiv betrieben.

Schließlich fand Angela Merkel sich in der Situation wieder, dass sie nach Belieben mal klassische christdemokratische Politik, mal unter Verweis auf den Koalitionspartner aber auch sozialdemokratische Politik betreiben konnte. Eben so, wie es gerade machtopportun war. Abspaltungen wie die AfD, die in vielen ihrer Positionen an „die alte CDU" erinnert, lässt sie in die rechte Ecke stellen. Darüber, inwieweit sie politischen Aktivismus gegen die AfD hinter den Kulissen unterstützt, kann höchstens spekuliert werden.

Ein weiterer wesentlicher Baustein in der Machtarchitektur der Bundeskanzlerin war und ist die Presse. Sie schart wohlgesonnene Journalisten um sich herum, die angesichts der Gefahr der Verbannung aus dem inneren Journalistenzirkel einen Teufel tun und sich für den Kanzlergeschmack zu kritisch äußern würden. So sorgt sie für eine wohlwollende Darstellung ihrer Person und Politik in den Leitmedien. Das ist auf diesem Hintergrund gar nicht so schwierig. Auch unter Journalisten will eine Mehrheit Karriere machen, will in der Bundespressekonferenz sitzen, will Exklusivinterviews mit Bundeskanzler und Ministern haben, will sich innerhalb der eigenen Redaktion mit „guten Kontakten“ brüsten, an Einfluss gewinnen und Leitartikelspalten zugeteilt bekommen. Und dafür ist sich eine große Anzahl an Journalisten nicht zu schade, einem fröhlichen Opportunismus zu frönen. Entsprechend lassen auch sie sich „mit Zuckerbrot und Peitsche“ erziehen und werden es spüren gelassen, wenn ihre Berichterstattung willkommen oder eben unwillkommen war. Langfristig werden jene, die eher zu unangenehmer Berichterstattung neigen, einfach nicht mehr berücksichtigt, während andere sich in ein immer reibungsloseres Geben und Nehmen mit Politikern begeben. Auch hier gilt, dass je länger die Dinge so vonstattengehen, desto stabiler die Strukturen werden.

So verkommt also die Opposition im Parlament zur Bedeutungslosigkeit. So wird die Lautstärke der Auseinandersetzungen mit dem Koalitionspartner auf Geräuschlosigkeit heruntergeregelt. So werden Widersacher in der eigenen Partei zum Schweigen gebracht. So werden enttäuschte Abweichler und Freischärler aus den eigenen Reihen, die eine eigene Partei zu gründen versuchen, verleugnet und mundtot gemacht. Und so wird fast jede kritische Stimme zumindest in den sogenannten Mainstreammedien zum Schweigen gebracht. Feindlich gesonnene politische Aktivisten, „Wutbürger“ und „der kleine Mann“, werden mit Einschränkungen der

Meinungsfreiheit abgewürgt, wenn von der Meinungsfreiheit gedeckter Zorn als „Hatespeech“ etikettiert und verboten wird. Und trotz eines immer erheblicheren Identitätsverlusts der Partei wissen Wähler aufgrund von scheinbarer Alternativlosigkeit nicht, wem sie ihre Stimme sonst geben sollten.

Bleibt noch die Judikative. Hier werden zwar wichtige Ämter über Parteienproporz vergeben, aber einmal berufen lassen Richter sich wenig vorschreiben. Allerdings sind deutsche Juristen ohnehin bereits eine außerordentlich homogene Gruppe, weil in einem hochselektiven Studium auf sehr ähnliche Denkgewohnheiten trainiert wird und bestimmte Denkstrukturen konditioniert werden. Karrieristische Staatsanwälte ergreifen eher Gelegenheiten, sich auf Kosten von C-Prominenz zu profilieren, als einem Bundeskanzler an den Karren zu fahren. Wo kein Kläger, da kein Richter. In Sachen Eurorettungs- und Flüchtlingspolitik fährt der Regierung kaum jemand ernsthaft in die Parade, obwohl die Gesetzeslage eigentlich eindeutig ist.

Für die wenigsten Dinge, die ein Regierungschef treibt, würde sich jemand finden, der eigene Ressourcen investiert, um ihn deswegen anzuzeigen oder zu verklagen. Und bis der jahrelange Gerichtsweg durch die Instanzen absolviert ist, hat „die normative Kraft des Faktischen“ längst irreversible Konsequenzen gezeitigt.

So lässt sich als Regierungschef auch in einer älteren Demokratie faktisch tun und lassen, was man will. Wenn dann noch ein Instinkt für die „Gunst der Stunde" besteht, kann in Tagen erdrutschartiger Stimmungsveränderungen durch äußere Ereignisse eine Agenda durchgesetzt beziehungsweise ein ganzes Gesetzespaket durchgedrückt werden, was in normalen Zeiten auch die komfortabelste Machtkonstellation nicht zugelassen hätte: siehe Fukushima und Atomausstieg, siehe diverse Terroranschläge und Bürgerüberwachung, siehe die Flüchtlingskrise. Während dergleichen bei ihrem Vorgänger Gerhard Schröder noch „Basta!-Politik" genannt und der vermeintlich chauvinistischen Natur seines vermeintlichen Machocharakters zugeschrieben wurde, lässt Angela Merkel sich für ihren „weiblichen Führungsstil" und dessen Stärke loben.

Ab einem gewissen Punkt wird nicht mehr vor Gesetzesverstößen zurückgeschreckt. Nicht aus Hybris, sondern aus Erfahrung, weil das Wahlvolk es mit sich machen lässt und Journalisten hinterher schreiben, dass sie mutig und genau richtig gehandelt hätte.

Auch Helmut Schmidt wird bis heute dafür gefeiert, dass er sich als Oberbürgermeister von Hamburg während der Sturmflut 1962 über zahlreiche Befehlsstrukturen hinweggesetzt und rechtswidrig gehandelt hat, indem er die Bundeswehr im Inneren einsetzte, als es um die Bekämpfung des großen Hochwassers ging. Die Leute wiederum, die er kommandierte, mussten ihm im Innenverhältnis gehorchen und taten es, zumal er die Verantwortung trug. Im Zusammenhang mit der Hamburger Sturmflut, als es unmittelbar darum ging Menschenleben zu retten, wird sich kaum jemand finden, der Einwände erhoben hätte oder erheben würde. Die Politik Angela Merkels dagegen forderte zahlreiche kritische Stimmen heraus, die es aber nur vereinzelt schaffen, in den Leitmedien angemessen berücksichtigt zu werden. So verhallen sie stattdessen in den Weiten des Internets und dortigen Verschwörungstheorieforen. Persönliche Haftung fürchten muss ein Bundeskanzler kaum, zumal es bei seinen Entscheidungen häufig um Milliardenbeträge und irreversible Weichenstellungen geht, die eine Gesellschaft über Jahrzehnte belasten können. Wenn hinterher eine Mehrheit vorhanden ist, die mit dem Ergebnis zufrieden ist, überwiegen letztlich Stimmen, die gutfinden, dass der Bundeskanzler nicht pedantisch und sklavisch gesetzestreu und paragrafenreiterisch war, sondern sogenannte „Verantwortung“ übernommen habe. Das erlaube sich mal jemand, der nicht an ihrer Spitze, sondern innerhalb einer Hierarchie steht.

Demographie, Populationsentwicklung und Evolution sorgen ohnehin dafür, dass Ereignisse von jenen, die von ihnen profitiert haben werden, rückblickend immer als gut und normativ richtig angesehen werden. Masseneinwanderung – ob aufgrund von Flüchtlingskrisen oder nicht – ist das beste Beispiel. Ex ante, also vor einem bestimmten markanten Ereignis, wie der grossen Flüchtlingskrise, gibt es viele Menschen die unter sich bleiben, ihren Wohlstand nicht teilen wollen und deshalb Multikulti ablehnen. Aber einige Jahrzehnte später, wenn der Nachkomme eines Einwanderers Präsident, Kanzler oder oberster Richter ist, werden die, aus denen die Gesellschaft dann besteht, in der Mehrheit wahrscheinlich zufrieden auf den Lauf der Vergangenheit zurückblicken. Sieger schreiben nicht nur die Geschichte, sondern ihre Kinder auch die evolutionären Abstammungslinien fort. Im Gegensatz zu den Kindern anderer. Das ist so. So gesehen kann man als Staatsoberhaupt kaum etwas Falsches entscheiden.

Inwieweit Angela Merkel aus ihrer machtopportunistischen Sicht fundamentale Fehler beging, als sie die Entstehung der AfD riskierte, bleibt abzuwarten.

III. Nach dem Spiel ist vor dem Spiel

27. Politikzyklen

(Mal die einen, mal die anderen)

Davon ausgegangen, dass Nationalstaaten sich zumeist nach Revolutionen oder Kriegen gründen, lässt sich annehmen, dass es um den allgemeinen Wohlstand zu Beginn üblicherweise bescheiden bestellt ist. Es gibt noch keine verkrusteten Strukturen, keine institutionalisierten und keine auf starker Ressourcenverteilungsasymmetrie beruhenden Macht- und Ausbeutungsverhältnisse. Israel nach seiner Staatsgründung kann als ein Beispiel dienen. Wenn und wo nun kooperiert wird, kann Wohlstand schneller wachsen. Individualisten haben es zu diesem Zeitpunkt schwer. Gemeinwohlsinn ist ausgeprägt. Wer Extrawürste einfordert macht sich unbeliebt. Das allgemeine Bewusstsein ist so gesehen „links“ ausgerichtet.

Im Laufe der Zeit akkumuliert finanzökonomischer Erfolg sich an manchen Stellen stärker als an anderen, wobei Zufall keine unwesentliche Rolle spielt. Wohlstandsasymmetrien bringen wachsende soziale Distanzen mit sich. Manche werden Chefs und entwickeln einen entsprechenden Habitus, andere gehen in der „Arbeiterklasse" auf, verstehen sich als „ehrliche Haut" und „kleiner Mann" aus „einfachen Verhältnissen". Und auch wenn Reich und Arm einander nach Feierabend oder außerhalb beruflicher Zusammenhänge begegnen, fehlt mehr und mehr gemeinsamer Gesprächsstoff. Das gesellschaftliche Klima wird geschäftiger und kühler. Es entstehen sozioökonomische Pyramiden. Die einen stellen vermehrt Überlegungen an, wie sie ihr wachsendes Kapital anlegen und weiter „arbeiten" lassen können, während die anderen untereinander solidarisch sind. Die Ersteren entdecken die angenehmen Seiten des Liberalismus, die Anderen den Wert von Loyalität. In allen gesellschaftlichen Schichten entsteht auch Konservativismus. Die einen werden konservativ, wenn es materieller Besitzstandswahrung dient, die anderen werden es dann, wenn sie sich von wachsender Mobilisierung und aufkeimenden Globalisierungsphänomenen bedroht fühlen sowie wenn der Zusammenhalt ihrer Milieus bröckelt.

Links begonnen driftet eine Gesellschaft zunächst gen liberal, während entlang des Spektrums mit zunehmender Auffächerung auch jede Menge konservativer Egoismus entsteht. Es gibt immer weniger Einkommensumverteilung, aber noch gibt es sie. Kapitalismus entfaltet sich noch nicht in voller Härte, sondern Reiche spüren, dass wenn ihre Arbeiter und Angestellten das System weiter mittragen sollen, sie Wohlstand an sie abgeben sollten. Es gibt dreizehnte und vierzehnte Monatsgehälter, Weihnachtsgeld, und das Arbeitstempo hält sich noch in Grenzen. Es können Studenten- und Intellektuellenmilieus entstehen, in denen wenig unmittelbar wertschöpfend gearbeitet werden muss, aber viel gelesen und noch mehr debattiert werden kann. Intellektuelle sind liberal oder links und philosophieren und ideologisieren auf Basis ihrer Präferenzen, während Konservative Betriebswirtschaft lernen.

Traditionsbewusstsein, Besitzstandswahrung, Gewöhnung, Bequemlichkeit, Scheu vor Veränderung und Selbstverliebtheit in die eigene Kultur sind mit rationalen Argumenten nur schwerlich objektivierbar. Erfolgreiche Kaufleute sind umso konservativer, profitieren sie doch ganz offensichtlich von bestehenden Strukturen. So entsteht neben der wirtschaftspolitischen Dimension, von links über liberal bis anarchistisch, auch eine gesellschaftspolitische Dimension, von konservativ bis progressiv. Rechts hat darin keinen festen Ort.

Wachsender Wohlstand und ingenieurwissenschaftliche Innovationen sorgen im weiteren Verlauf zwar dafür, das absolute Armut, Hunger und Elend zurückgehen und Maschinen „Knochenarbeit“ übernehmen, dennoch bewirkt Globalisierung auch, dass Wohlstand insgesamt immer ungleicher verteilt wird, so dass dort, wo bereits am meisten ist, überproportional viel hinfließt. Der Reichtum eines immer kleineren Personenkreises wächst umso schneller. Globalisierung sorgt dafür, dass Ethnien und Kulturen sich miteinander vermischen, wovon sich dort, wo Einwanderung stattfindet, einige bedroht fühlen. Rechtsgerichtete Ideologien können sich ausbreiten. Ungeordnete Migration hingegen ist zumindest in der ihr von politischer Seite zugedachten Rolle als linke Interessensphäre zu deuten. Denn je mehr Migration, desto größer wird die Gruppe potenzieller linker Klientel, da mittellose Neuankömmlinge an Umverteilung interessiert sind. Aber auch je mehr Kapitalakkumulation an immer weniger Stellen, desto linker der Mainstream der unterproportional Profitierenden. So schlägt das Stimmungspendel wieder zurück nach links. Linke und Rechte stehen einander zusehends unversöhnlicher gegenüber. Reiche und Superreiche sind derweil hochmobil, verhalten sich mit ihrem Geld maximal opportunistisch, nutzen Steuersparmodelle und Steueroasen, diversifizieren ihr Kapital weltweit und sorgen dafür, dass man sie nicht zu fassen kriegt und der Fiskus kaum an ihr Geld kommt. Politiker haben oft gar kein Interesse an Transparenz und konsequenter Steuerfahndung, soweit sie unter dem Einfluss von Lobbyisten stehen und in halbkorrupte Strukturen verwoben sind.

So pendelt der Einfluss politischer Weltanschauung hin und her, sodass politischer Zeitgeist nach einer gewissen Zeit immer wieder wechselt.

In Demokratien geht es um Mehrheiten. Je tiefer die Schicht einer Gesellschaftspyramide gelegen, desto breiter ist sie, und je höher, desto weniger Mitglieder besitzt sie. Untere Schichten haben ein Interesse an Gruppenkonten und Umverteilung. Andererseits sind untere auch eher ungebildetere Schichten. Sie werden mittels Religion von cleveren Konservativen dazu verführt gegen ihre Interessen zu wählen – das klassische Problem des „Kleinen Mannes", der CDU wählt. Allerdings bringt Wahlkampf in Demokratien auch Wettläufe darin hervor, den meisten Menschen die besten Versprechungen zu machen, also ihre Interessen zu subventionieren und sie zudem steuerlich zu entlasten, zumal niemand sich geniert Forderungen zu stellen. Versorgungskürzungen, „schmerzhafte Einschnitte" und Reformen will hingegen niemand anpacken, sondern lieber anderen überlassen. Da gewählte Politiker zumindest einen Teil ihrer Versprechungen einlösen und versprochene Wohltaten auch ausschütten müssen, wird die „Tragedy of the Commons", also die Tragödie des Allgemeinguts, geradezu gefördert, statt vermieden. Wenn beispielsweise Sozialhilfe jede Heizungsrechnung bezahlt, wird kaum jemand auf Sparsamkeit beim Heizen achten im Vergleich zu dem, der sich jeden Euro durch Arbeit verdienen muss. Dann und dort, wo Einwanderung weniger durch Hochqualifizierte als in Sozialsysteme erfolgt, zweifelsohne ein wichtiger Aspekt. Subventionen wieder einzufangen, mit denen eine Menge Leute es sich bequem gemacht haben, ist verdammt schwer. Einmal beschlossene Gesetze, insbesondere steuerrechtliche, werden kaum mehr zurückgenommen. Finanzkapitalflüsse werden immer unübersichtlicher, sodass irgendwann jeder glaubt, dass er zu viel einbezahlt, also zu wenig für seine Interessenbefriedigung zurückfließt. Diffuse Gefühle finden mehrheitliche Verbreitung, die Überzeugungen von allgemeiner Ungerechtigkeit nähren, ohne dass Meinungen auf ökonomischem Sachverstand gründen. Links und progressiv zu sein kann zu einem religionsersetzenden Lebensgefühl werden, das weniger auf Kenntnis ökonomischer Verteilungsmodi basiert, als auf dem Glauben an die eigene Edelmütigkeit und moralische Überlegenheit. Böse sind die anderen. Also sind Böse rechts. Und alles Rechte ist böse. Darauf kann sich die Mehrheit einigen.

Doch wenn Konservativismus in melancholische Nostalgie und heroisches Verteidigen humanistischer Werte uminterpretiert wird, kann er chic werden. Mit steigendem Wohlstand werden schließlich auch Linke konservativer und fühlen sich modern und aufgeklärt dabei. Eine Überschneidung mit rechts wird dabei aber nicht realisiert. Wenn eine konservative Volkspartei clever geführt wird, dann sammelt sie sich einst oder durchaus noch immer als links Verstehende ein und gibt ihnen eine identitäre Heimat.

28. Streitkulturen

(Can or can't we agree to disagree?)

Liberale sind sich in einem einig. Jeder soll tun und lassen, was er will, ohne andere um Zustimmung bitten, ein Gremium um Erlaubnis fragen oder mit seiner Gruppe Einstimmigkeit erzielen zu müssen, solange das Ausleben seiner Freiheit nicht auf Kosten gleichgroß bemessener Freiheiten anderer geht.

Dass ein gleicher Freiheitsgrad für alle allerdings reine Theorie bleiben muss, wenn Individualkonten doch so ungleiche Ausprägungen annehmen können, steht auf einem anderen Blatt. Kapitalismus sorgt für Ungleichheit. Es lässt sich aber sehr wohl auch liberal sein und Privateigentum ablehnen, etwa, weil Eigentum nur von einem Voreigentümer erworben werden kann, was bedeuten müsste, dass ein allererster Eigentumserwerb an einer Sache gar nicht möglich ist. Dann gäbe es nur entweder gar kein Eigentum oder gemeinsames Eigentum aller an allem. Überlegungen in dieser Richtung führen in Grenzbereiche zwischen Liberalismus und Libertarismus bis hin zu Anarchie. „Praktische" Moral-,

Rechts- und politische Philosophen beschäftigen sich mit solchen Überlegungen. Die wenigsten Liberalen in zeitgenössischen hochentwickelten Demokratien würden extremliberale Konzepte bis hin zum Anarchismus anstreben. Sie plädieren für Eigentumssicherheit und das Gewaltmonopol beim Staat. Ansonsten wollen sie hauptsächlich ihre Ruhe untereinander und von außen haben. Insofern besteht hier eine geringe Basis für Gruppenzusammenhalt, weil ihnen über die Überzeugung hinaus, dass jeder anders als andere sein darf, weitere identitätsstiftende Gemeinsamkeiten fehlen. Getrennte Individualkontierung ist ein klares Konzept, von dem es nicht viele Varianten gibt und um das es nicht viel ideologischen Streit zu geben braucht. Im Gegensatz dazu gibt es aber eine Fülle von abgestuften Konzepten auf der anderen Seite des Spektrums, je nachdem wie viele Ressourcen für gruppendienliche Zwecke aufgewendet werden sollen.

Linke zeichnen sich im eklatanten Gegensatz zu Liberalen durch eine ausgeprägte interne Streitkultur aus. Ausgefeilte Ideen, Konzepte und Ideologien begründen Identität und Identifikation feinpolitisch unterschiedlicher Strömungen. Jeder versucht Dritte zu seinen gegenwärtigen und oft nur vorübergehenden subjektiven Überzeugungen zu bekehren. Ideologie wird dabei oft als objektiv sachangemessen postuliert, ausblendend, dass auch normative Überzeugungen letztlich auf Dezisionismus und Emotionen beruhen.

Wo zehn Personen, jede mit einem Dollar in der Tasche, in einen Supermarkt gehen und im Kühlregal zehn kleine Puddingschälchen zu je einem Dollar vorfinden, kann der eine sich einen Schoko-, ein anderer einen Vanille- und der nächste einen Karamellpudding kaufen. Wo zehn jede mit einem Dollar ausgestattete Personen hingegen keine Einzelschälchen, sondern nur ganze Kanister voll Pudding vorfinden, die zehn Dollar kosten, dort muss verhandelt werden, Pudding welcher Geschmacksrichtung gekauft werden soll. Woraufhin natürlich jeder versucht, den anderen weiszumachen, dass seine Lieblingsgeschmacksrichtung auch für die anderen die beste und überhaupt die objektiv schmackhafteste sei. Klar gibt es da Streit – umso mehr, je weniger Individuen einsehen wollen, dass ihr eigener nur einer von vielen nebeneinander existierenden Geschmäckern ist.

Einsammeln von Beiträgen ist einfach, aber wie wieder ausgeschüttet werden soll, darüber lässt sich eben trefflich streiten. Liberale, die nur ihre Individualkonten haben, müssen sich mit anderen nicht darüber streiten, wofür ihr Guthaben ausgegeben werden soll.

Einig sind Linke sich darin, dass sie edelmütige Altruisten seien und als solche die Welt vor kaltherzigen, gierigen, menschenverachtenden Machtmenschen schützen müssten. Ihr Gruppenzusammenhalt ist also größer als unter Liberalen, aber nicht so groß wie der unter Konservativen oder Rechten. Solange nicht zunächst eindeutig geklärt ist, wofür eigentlich gemeinsam eingestanden wird, ist uneingeschränkte Gruppenloyalität für Linke schwierig.

Auch Konservative haben weniger Anlass zum Streit als Linke. Wissen sie doch konkreter, was sie wollen, nämlich primär das, was schon existiert, bewahren: Werte, Gewohnheiten, Gepflogenheiten, Traditionen und weitere Elemente, die konstituierend für die eigene Kultur sind. Rechte wissen noch konkreter, was sie für bewahrenswert halten, nämlich nicht nur ihre Kultur, sondern auch ihr Volk, ihre Ethnie, sowie gegebenenfalls sogar einige konkrete äußerliche körperliche Merkmale. Im Gegensatz zu Liberalen wollen sie aber nicht unbedingt jeden nach seiner Façon sein Glück suchen lassen. Alle Individuen haben sich einer Leitkultur anzupassen, die Mehrheit und Mainstream vorgeben. Eine gewisse Toleranz wie unter Linken und erst recht eine absolute wie unter Liberalen, ist ihnen im wahrsten Sinne fremd. So zumindest lässt es sich grob und überspitzt beschreiben.

Konservative und Rechte legen aber eine andere Reihenfolge als die anderen Ideologen an den Tag, wenn es darum geht, Meinungsverschiedenheiten untereinander zu klären. Zuerst geht man grundsätzlich Andersdenkende argumentativ an. Linke setzen sich derweil zuerst intern darüber auseinander, welche Richtung anschließend gemeinsam nach außen vertreten werden soll. Dabei schwächen sie sich fortwährend selbst und haben die Tendenz in mehr kleine Parteien und Fraktionen zu zerfallen als Konservative und Rechte.

Linke verhalten sich dabei gar nicht so unklug, wie manch einer vorschnell nach obigen Ausführungen meinen könnte. Denn bei Konservativen ist doch nur allzu oft zu beobachten, dass nach der ersten Phase der Bekämpfung des gemeinsamen politischen Gegners frühere Mitstreiter vom Hof gejagt werden. Linke ersparen sich dies, indem die Freund-Feind-Frage schon in der ersten internen Phase geklärt wird. Dass natürlich auch bei Linken, die erfolgreich die zweite Phase erreicht haben, also beispielsweise eine Regierungsbeteiligung, weiter die Regeln menschlicher Hackordnungen gelten, ist natürlich klar.

Am Ende werden viele Streitereien unter Linken einfach dadurch gelöst, dass allen alles versprochen wird, bis die Kassen leer sind oder der Schuldenstand in astronomische Höhen gewachsen ist. Einen Schuldigen findet man immer im politischen Gegner oder im „System“. Dann braucht es wieder Liberale in der Regierung, die beim Sanieren helfen.

Linken geht es oft vorrangig ums Prinzip. Das scheint ihnen wichtiger als das Ergebnis. Und jedes Prinzipienkonzept bekommt einen -Ismus als Bezeichnung. So sind sich philosophisch umtreibende Linke zumeist Freunde von Deontologismus, „Kantianismus" oder Sublimismus – in diesem Sinne sind unter ihnen Deontologen, Kantianer oder Sublimisten zu finden. Liberale verstehen sich eher als Konsequentialisten oder Utilitaristen, Konservative als Theologen. Rechte treten schon mal als Biologisten, Reduktionisten und durchaus auch Sozialdarwinisten in Erscheinung. Aber auch Linke argumentieren schon mal sozialdarwinistisch, wollen es nur nicht eingestehen.

Linke neigen zu flachen Hierarchien, während sich unter Konservativen und Rechten ausgeprägte Machtstrukturpyramiden finden. Während Linke gerne auf gleicher Augenhöhe miteinander diskutieren, findet Kommunikation bei Konservativen und Rechten eher als Anweisung und Befehle von „oben" nach „unten" statt. Ein weiterer wesentlicher Grund dafür, warum Konservative sozioökonomisch eher oben und Linke häufig unten stehen. Linke merken oft erst, dass sich Hierarchien gebildet haben, wenn Konservative sich darin schon gut positioniert haben.

29. Moralkapitalismus

(Eine verhaltensökonomische Perspektive)

Vordergründig kann sich leicht glauben lassen, dass Linke großzügige Altruisten und moralisch hochanständige Leute seien, die es nicht auf Konkurrenz abgesehen hätten, während (Neo-)Liberalen derweil profitorientierter Egoismus unterstellt werden kann.

Das Internetzeitalter brachte den Begriff „Shared Economy“ hervor, wonach nachwachsende Generationen nicht mehr so besitztumsfixiert seien, sondern optimalkooperativ und alles miteinander teilen wollend. Zweifelsohne eine linke Konzeption, soweit die zugrundeliegende These denn stimmt. Während Liberale sich zweifellos erheblichem Druck und Repressionen ausgesetzt sehen, wenn sie einige Dinge eben nicht teilen wollen, dürfte sich so mancher Buchautor mit linkem Selbstverständnis nochmals gründlich überlegt haben, wie links er denn nun wirklich ist, wenn es bedeutet, dass er – vielleicht gerade zu Ruhm und Vermögen gekommen – seine Tantiemen mit anderen zu teilen habe.

Auch in einem kollektiven System wie dem Kommunismus, wo es in fast allen Bereichen Gruppenkonten für alle gibt, muss es Entscheidungen darüber geben, wie mit Ressourcen verfahren wird, welche Gemeinschaftsgüter finanziert werden und welche nicht. Es braucht einen Plan. Daher das Erfordernis einer Planwirtschaft. Aber wer macht diesen Plan? In dem Moment, indem alle Ressourcen auf einem Gruppenkonto liegen, wer entscheidet dann über deren Ausgabe? In einer Gruppe die aus zehn Leuten besteht, gibt es dazu meist zehn verschiedene Meinungen. Also wird das Tischtuch hin- und hergezerrt. Jeder ist sich sicher, dass er am besten wisse, was moralischerweise am ehesten zu tun sei. Wie religiös Gläubige, von denen auch jeder sicher ist, dass seine Religion den anderen überlegen ist und im Besitz der Wahrheit sei. Rational muss es hier überhaupt nicht zugehen. Jeder hat Gefühle, die ihm einflüstern, was objektiv richtig, was fair und was gerecht sei.

Natürlich konkurrieren auch Linke. Wie an der Tragedy of the Commons deutlich wurde, konkurrieren sie um den Zugang zu Gruppenkonten, sei es um direkten oder wenigstens indirekten Zugang. Dies gelingt, soweit sie andere davon überzeugen können, dass ihr subjektiv individuelles Bedürfnis, das sie befriedigt sehen wollen, eigentlich ein objektiv allgemeines Bedürfnis sei. Linke konkurrieren also um normative Deutungsmacht.

Ihre ausschweifenden Diskussionen miteinander handeln davon. Ohne Unterlass geht es darum, was „moralnormativ“ richtig und was falsch sei. Immer im Glauben, dass es ihnen nicht um ihre eigenen Egoismen gehe, sondern sie nur selbstlose Ziele verfolgten. Demzufolge wird im schlimmsten Falle ohne Rücksicht auf logische oder (natur)wissenschaftliche Prinzipien moralisiert, polemisiert und versucht, Schuldgefühle zu aktivieren und so emotional parteiinterne Gegner zu erpressen und die Öffentlichkeit zu lenken.

Als aktuelles Beispiel könnte hier der grüne Tübinger Bürgermeister Boris Palmer genannt werden, der ob seiner kritischen, praxisfundierten Haltung zur Einwanderungspolitik von der eigenen Partei mit dem Erzfeind gleichgesetzt wird. „Realos“ hatten es in der Post-Joschka-Fischer-Ära aber auch selten einfach. Moral lässt sich auch in diesem Fall so beschreiben, dass es bei ihr eben nicht um objektives, sondern auf subjektiven Präferenzen beruhendes Richtig und Falsch geht. Wem das beste Urteilsvermögen und damit die stärkste Deutungshoheit zugestanden wird, der hat den größten Einfluss auf Gruppenentscheidungen und die Verteilung gemeinsamer Mittel.

Anders als Finanzökonomen interessieren Verhaltensökonomen sich für monetär schwerlich quantifizierbare, aber hochbegehrte Ressourcen. Aufmerksamkeit, Reputation, Sex und Liebe stehen im Zentrum ihrer Betrachtungen. Sie alle sind in dem Maße Formen von Kapital, wie sie begehrt werden. Für sie gibt es keine transparenten Märkte, die mit einfachen Angebots-und-Nachfragekurven beschreibbar wären.

Liberale interessieren sich häufig sehr für Geld und dessen Vermehrung, denn sie wollen unabhängig sein und sich nicht fremden moralischen Normen beugen oder rechtfertigen müssen, wie sie Geld ausgeben. Wer unabhängig ist, muss sich weniger um seine Reputation scheren. Und warum sollte man unbedingt wollen, dass Leute eine gute Meinung von einem haben, solange sie einem nicht gefährlich werden können?! Linke interessieren sich hingegen sehr für ihre Reputation und wollen als mit einem Höchstmaß an Urteilsfähigkeit ausgestattete und menschenfreundliche Personen wahrgenommen werden. Um Aufmerksamkeit konkurrieren sie unentwegt, wenn sie in ihren vielen Diskussionen um Gesprächsanteile ringen.

Linke sind demnach keine Finanzkapitalisten, sondern Verhaltenskapitalisten. Sie zwingen andere weniger in finanzielle Abhängigkeit, als dass sie sie mit moralischer Repression gefügig machen. Jedenfalls versuchen sie es, denn es sind ja nicht alle erfolgreich damit. Während wer finanzorientiert ist davon träumt, es zum Multimillionär zu bringen, träumt, wer moralorientiert ist, davon, eine moralische Institution zu sein.

Wer haufenweise Geld besitzt, kann Abhängige herumkommandieren, wer höchstes Ansehen genießt, kann andere mit Rhetorik lenken.

So verteilen sich in Gesellschaften Tätigkeiten und Strategien. Nichtpolitiker kümmern sich fleißig ums Erarbeiten von Ressourcen, selbst wenn sie über Umverteilung vieles davon wieder abgeben müssen. Andere, wie berufsbedingt Politiker, kümmern sich (lieber) ums Verteilen von Ressourcen, selbst wenn sie kaum einen Finger gerührt und keinerlei Risiken eingegangen sind, um sie zu beschaffen. Klar, bevor Ressourcen verbraucht werden können, müssen sie erarbeitet werden. Entsprechend moralisieren Linke auch und gerade dort, wo es ums Einsammeln von Ressourcen geht. Wie soll man auch sonst an fremdes Kapital gelangen?! Gruppenkonten sollen von so vielen Leuten wie möglich gefüllt werden. Analog zum Finanzkapitalisten, der so viele Marktanteile wie möglich ergattern möchte um Gewinne zu maximieren, arbeiten Linke mit moralischer Missionierung an der Vergrößerung ihres Deutungsraums. Natürlich passt ein „BrExit“ da ganz schlecht ins Konzept – bricht doch ein Hahn ab, der von europäischen Gruppenkonten nicht mehr angezapft werden kann.

30. Weltfrieden

(Die unendliche Geschichte)

Wer ist nicht am „Weltfrieden“ interessiert? Anteilseigner von Rüstungskonzernen? Skrupellose Kapitalspekulanten? Okay, die vielleicht nicht. Aber die meisten wollen ihn vermutlich. Aber warum gibt es ihn dann bloß nicht? Schuld scheinen jedenfalls immer die anderen zu sein, denn man selbst glaubt ja nichts aktiv zu tun oder indirekt zu unterstützen, was ihn verhindern würde.

Das wahre Problem liegt darin, dass jeder Weltfrieden zu seinen eigenen Bedingungen möchte.

Beim Fußball wünscht sich der, der in Führung liegt, dass endlich der Abpfiff ertönt. Wer zurückliegt möchte weiterspielen. Der Schlusspfiff des Schiedsrichters zementiert sportliche Verhältnisse. Das unterscheidet Fußballspiele vom echten Leben, denn der Lauf der Geschichte endet nicht. Wem es gut geht, wer wohlhabend ist, sich etwas aufgebaut und zu verlieren und vererben hat, reagiert mit Verwunderung und Unverständnis darauf, dass es Kriminalität, Terrorismus und Krieg gibt. Wer satt ist verliert Einfühlungsvermögen für jene, die weiterhin hungrig sind. Wer es nach geltenden Regeln in höhere sozioökonomische Schichten gebracht hat, zeigt sich erstaunt, wenn Verlierer danach nicht mehr mitspielen wollen, sondern eine Systemänderung herbeiführen wollen.

Wer die Oberhand hat baut Gesellschaften und insbesondere Versorgungsstrukturen so um, wie er es für richtig hält. Und was richtig ist, das sagen ihm, als gutwilligem Menschen, sein „Gesunder Menschenverstand" und sein Einfühlungsvermögen, von dessen hoher Funktionalität er überzeugt ist. Doch menschliche (Neuro-)Kognition funktioniert perfide. Wer eigene irrtümlicherweise auch für fremde Bedürfnisse hält, tut Gutes für sich, glaubt aber Gutes für andere zu tun. Seine Umgestaltungsmaßnahmen dienen der Befriedigung seiner eigenen Bedürfnisse. Andere wiederum, über deren Köpfe hinweg entschieden wird und deren Bedürfnisse zahlreich unbefriedigt bleiben, versuchen das zu sabotieren. Sobald Macht gekippt ist, wird wieder in die entgegengesetzte Richtung umgebaut.

„Die Zeiten haben sich geändert!" Wenn dieser Spruch zu hören ist, ist gemeint, dass heute andere als früher den Ton angeben, sowie ebenfalls andere als früher nach fremden Pfeifen tanzen müssen. Früher noch maßgebliche moralische Normen könnten durch andere ersetzt worden sein. Politische Systeme könnten kollabiert und neue sich etabliert haben.

Menschen sind auf sich und ihre Sozialgefüge fixiert. Physikalische Kräfte sind in einem Maße beherrschbar geworden, dass kein Wintereinbruch, kein Wirbelwind, kein Erdbeben, kein Vulkanausbruch und kein Tsunami mehr die Existenz der gesamten menschlichen Population gefährden können. Dass die eigene Abstammungslinie endet und man ausgelöscht wird, weil Artgenossen einem Verbrauchsressourcen oder Fortpflanzungspartner wegnehmen, ist schon lange individuell wahrscheinlicher als bei einer Naturkatastrophe ums Leben zu kommen. Kaum jemand bleibt mit Begeisterung kinderlos, sondern im Regelfall haben trotz Zeugungs- und Gebärfähigkeit kinderlos gebliebene Heterosexuelle keine von ihnen begehrten attraktiven Vertreter des anderen Geschlechts von einer gemeinsamen Familienplanung überzeugen können. Weil diese sich für jemand anderen entschieden haben. Mit diesem Schicksal, von Konkurrenten ausgestochen zu werden, machen mehr Menschen persönliche Erfahrung als mit Naturkatastrophen.

Es wird deshalb immerfort darum gestritten, wer den Ton angibt, das heißt wer über andere bestimmt, anstatt von ihnen gemaßregelt zu werden. Wer wie viel Einfluss nehmen und gesellschaftlich relevante Entscheidungen treffen können soll, ist tägliches Thema von Klatsch, Tratsch und Leitmedien.

Zu jedem Zeitpunkt ist es so, dass eine Mehrheit Visionen von einer besseren Zukunft hegt. Eine Mehrheit ist eher arm als reich, weil Pyramiden unten breiter sind als oben. Alle die noch jemanden mit höherem sozioökonomischem Status über sich haben, also fast alle Mitmenschen, wünschen sich eine Zukunft in der es nach ihren Werten und Prinzipien geht.

Die Menschheit hat immer Probleme. Weil Menschen einander gegenseitig unentwegt Probleme bescheren. Das Leben gleicht mal Monopoly, mal eher Malefiz. Fast alle ernsten Probleme, die jemanden umtreiben, sind soziale Probleme, weil die eigene soziale Position faktisch und strategisch unbefriedigend ist. Gelöst werden diese Probleme selten. Konflikte bleiben mindestens einer Partei schmerzhaft als Narbe im Gedächtnis. Dabei ist die bloße Tatsache an sich, dass einer mehr Macht über einen anderen hatte als umgekehrt, für letzteren schon das Hauptproblem, das er umdrehen möchte. Ein Machtkampf wird vom nächsten abgelöst. Die einen haben keine Macht und wollen welche, die anderen haben Macht und wollen sie verteidigen und ausbauen. Wer ganz oben steht, möchte die Zeit vielleicht anhalten, aber wer steht schon unumstritten ganz oben?

Wo es nur um Geld geht, da mag ein „rationaler" Teilnehmer am kapitalistischen Spiel des Lebens noch einsehen, dass es unmöglich und unsinnig ist, jeden Cent der Welt zu besitzen. Wo es um Ideologie und insbesondere Religion geht, gibt es jedoch immer solche, die auch dem letzten Ungläubigen ihre Weltanschauung und ihren Willen aufzwingen wollen. Menschen sind sozial und wollen von Artgenossen umgeben sein. Dabei will jeder aber, dass alle den Regeln folgen, die ihm am liebsten sind.

31. Schlussbemerkung

Wie ein kreisender Adler, der aus Abstand und von oben mehr sieht, als jene, die sich auf dem Boden tummeln, habe ich versucht, einen Standpunkt der Distanz einzunehmen und jenseits eigener politischer Präferenzen das politische Alltagsgeschäft und die Mechanismen der Macht einem sezierenden Blick zu unterwerfen. In diesem Sinne wünsche ich mir mehr Menschen, die bereit sind, einen Adlerflug zu wagen und dadurch klarer zu sehen.

Wer vorbehaltslos gesellschaftliche Mechanismen anspricht und elementare Schieflagen klar benennt, der wird schnell als „Kulturpessimist“ diskreditiert. Wer im Gegensatz dazu auf die Offenlegung von Missständen mit Behauptungen reagiert, wonach doch nicht alles so schlimm sei und Schwarzmalerei und immer nur das Negative zu sehen doch auch nicht helfen würde, der unterstützt die Missstände damit faktisch aktiv. Er verhindert ihre schonungslose Offenlegung und damit eine Verbesserung der Zustände. Im Zweifel bin ich da doch lieber Idealist und als solcher Spielverderber oder „Brandstifter", selbst, wenn man es sich dadurch mit manchem verderben mag. Außerdem, ob man nun sagt, das Glas Wasser sei halb leer oder halb voll – in jedem Fall ist zu wenig Wasser im Glas!

Wie wir gesehen haben, ist Politik nur allzu oft kein sauberes Geschäft. Einem sehr schönen Spruch zufolge, der Mahatma Gandhi zugeschrieben wird, sollte allerdings ein jeder versuchen, selbst die Verbesserungen zu verkörpern, die er sich in der Gesellschaft wünscht. Selbst ein reines Gewissen zu haben lässt ruhig schlafen. Wer sich bewusst überlegt, wen er bei einer politischen Wahl wählt und wen nicht und warum, der kann auch reinen Gewissens in den Spiegel schauen. Wer Objektivität in Wissenschaften schätzt und unterstützt, wer Meinungsfreiheit verteidigen will und wer auf grundsätzliche Gleichberechtigung pocht, der braucht sich kaum etwas vorzuwerfen haben.

Die äußere Grenze ist das Fundament für die Entstehung der Kulturen.

„Gerade als Arzt und Humanist weiß ich, wie empfänglich Menschen für verheißungsvolle Ideen sein können. Umso wichtiger ist das vorliegende Buch, das zeigt, was Entgrenzung tatsächlich ist: eine zurechtgedachte Idee, die an der Mauer der Realität zerbrechen wird."

Joe Bausch
(Gefängnisarzt und Schauspieler (u. a. in „Tatort")

Burkhard Voß:
Albtraum Grenzenlosigkeit. Vom Urknall bis zur Flüchtlingskrise. Mit einem Vorwort von **Joe Bausch**
Münster: Solibro Verlag 2017
[Klarschiff Bd. 11]
ISBN 978-3-96079-031-0
Broschur • 160 Seiten
eISBN 978-3-96079-032-7 (epub)

mehr **Infos & Leseproben**:
www.solibro.de

Fast 80 Prozent der Deutschen trauen sich nicht, zu bestimmten Themen offen ihre Meinung zu sagen.

„Das Buch von Zydatiss (...) ist unbedingt lesenswert, da es analytisch wie exemplarisch zeigt, wie hier eine ‚neue Kulturrevolution' heraufzieht. Pflichtlektüre!"

Junge Freiheit

„Auf 184 Seiten wird in dem gelungenen Werk über das Meinungsklima speziell in Deutschland und allgemein im Westen referiert. Dem Leser bietet sich eine kompakte Einführung in das Thema."

Tichys Einblick

Kolja Zydatiss:
Cancel Culture.
Demokratie in Gefahr
Münster: Solibro Verlag 2021
[Klarschiff Bd. 17]
ISBN 978-3-96079-086-0
Broschur • 184 Seiten
E-Book: eISBN 978-3-96079-087-7

mehr **Infos & Leseproben:**
www.solibro.de

Das Buch für alle, die spüren, dass hierzulande etwas gewaltig schiefläuft.

Für die, die etwas ganz anderes wahrnehmen, als die von Medien, Wissenschaft und Politik konstruierte „Realität". Es zeigt, dass bisher alle Versuche, das Paradies auf Erden zu installieren, sowie das „absolut Gute" zu tun, immer zu Terror und Zerstörung geführt haben. Es ruft dazu auf, Freiheit auszuhalten und sich nicht Ideologien wie der politischen Korrektheit zu unterwerfen.

Maternus Millett:
Das Schlechte am Guten. Weshalb die politische Korrektheit scheitern muss.
Münster: Solibro Verlag 2011
[Klarschiff Bd. 4]
ISBN 978-3-932927-46-1
Broschur • 256 Seiten
E-Book: eISBN 978-3-932927-61-4

mehr **Infos & Leseproben:**
www.solibro.de

»Was unterscheidet den normalen Bürger, der keine Banken überfällt, von Ihnen?«, stellte die Gutachterin ihre erste Frage. – »Der fehlende Mut«, lächelte ich sie ironisch an.

Knast produziert Verbrechen. Dieses Buch ist der Beweis. Reiner Laux war »Zorro, der Gentleman-Bankräuber«. 13 Banken hat er erleichtert und wurde nie auf frischer Tat ertappt. Er wurde verurteilt, akzeptierte seine Strafe und saß 7,5 Jahre ab. Dieser schonungslose Insider-Bericht macht dem Leser sinnlich erfahrbar, was es heißt, in überfüllten Massenzellen jahrelang Gesundheit, Geschlecht und Würde vor Mördern, Triebtätern oder Junkies schützen zu müssen.

Reiner Laux:
Seele auf Eis.
Ein Bankräuber rechnet ab.
Münster: Solibro Verlag 2018
[Klarschiff Bd. 13]
ISBN 978-3-96079-053-2
Broschur • 384 Seiten
E-Book: eISBN 978-3-96079-054-9

mehr **Infos & Leseproben:**
www.solibro.de

Klassisches Heldentum steht im Widerspruch zur Gleichheitsideologie.

»Man wird das neue Buch von Burkhard Voß mit einem grimmigen Vergnügen und einem geschärften Blick für die Vertrottelung des Westens, vor allem Deutschlands lesen.«

Josef Kraus in:
Tichys Einblick

Burkhard Voß:
Wenn der Kapitän als Erster von Bord geht. Wie Postheroismus unsere Gesellschaft schwächt.
Vorwort von Josef Kraus
Münster: Solibro Verlag 2019
[Klarschiff Bd. 13]
ISBN 978-3-96079-069-3
Broschur • 176 Seiten
E-Book: eISBN 978-3-96079-070-9

mehr **Infos & Leseproben:**
www.solibro.de

BERND ZELLER
Die Sprache des Grünen Reiches
Es gibt keine Sprache des Grünen Reiches!
solibro

BERND ZELLER
HAT SICH DIE WENDE ÜBERHAUPT GELOHNT?
DER GROSSE VERGLEICH
DDR – EU
solibro